ビジネスリーダーを
目指すなら

西郷隆盛のことばに学べ

長尾　剛

牧野出版

まえがき

人が二人以上集まって何かを為そうとすれば、誰かがリーダーとなり、そのリーダーの指示と統率のもとで事を運ばねばならない。

ビジネスの世界も、またしかり。

業界のリーダー。企業のリーダー。部のリーダー。課のリーダー。そして、何らかのプロジェクトによって集められたチームのリーダー。リーダーは大小関わらず、さまざまな「集団の長」として務めなければならない。

では、具体的に「リーダーの務め」とは、どんなものなのだろうか。

どんな人物が「良きリーダー」と評価されるのだろうか。

その問に、多くの答を与えてくれる歴史上の人物がいる。

幕末の英傑、西郷隆盛（１８２７〜１８７７）である。

西郷隆盛は、その生涯を通じ常にリーダーの立場にあった。

彼自身がそう望んでいたのではない。彼の周囲が、彼をリーダーとして慕い、付き従っていったのである。

幕末は、多くの英傑を排出した。しかし、その中にあって西郷ほど「リーダーであり続けた男」はいなかった。周りが「リーダーとして認めた男」はいなかった。

確かに、たとえば土佐の坂本竜馬は「海援隊」という当時としては画期的な海運業の会社を作り、そのリーダーとして活躍した。だが「海援隊」の実態は、竜馬が自分のやりたいことをやるために人を掻き集めただけの集団で、隊員たちは時代を突っ走る竜馬に引っ張り回されていただけだった。だから竜馬は、たとえば土佐の知恵袋である後藤象二郎にはその身勝手さを嫌われていた。

長州の桂小五郎しかり。徳川家家臣の勝海舟しかり。彼ら幕末の英傑たちは、それぞれにすばらしい活躍の足跡を残した。が、どこかスタンドプレイヤーで、集団のリーダーとして「周囲から慕われ続ける」ということはなかった。

そんな中、西郷隆盛だけは違った。

彼は最後の最後まで、彼をリーダーとして慕い続ける人々に囲まれていた。そして、そうした人々の中で死んでいった。

だから西郷こそが、「幕末」という日本史上未曾有の大混乱の時代にあって、もっとも「リーダーの理想像」を体現し、その身を以って「リーダーとは何か」を、後世の私たちに教えてくれる人物なのだ。

本書は、そんな西郷の残してくれた言葉の数々を紹介していく。

しかも、それらの言葉を直訳した後さらに「現代ビジネスリーダーへの提言」というスタイルで、大胆に意訳していく。「西郷が現代ビジネスの現場にいたら、どう述べただろうか」という想定のもと、西郷の言葉を訳していくのである。

現代ビジネスに関わるすべての人に西郷の言葉を伝えたい――本書は、そんな思いから書き上げたものである。

どうか読者の方々は、西郷を「偉大なビジネスの大先輩」というように捉えて、その言葉を味わってほしい。

さて、本文に入る前に当たって、二つほど前もって説明しておきたいことがある。

まずは、西郷の生い立ち。

彼がいかに優れたリーダーであり続けたかということを、簡単に検証していきたい。この生い立ちを追うだけでも、西郷がいかに優れたリーダーかということがわかる。

次に、西郷の言葉を集めた書物について。

これには、二つの書がある。こんにち『西郷南洲翁遺訓』『西郷手抄言志録』というタイトルで、それぞれ伝わっている。本書も、この二書から言葉を抜粋し、それを現代のビジネスリーダーに送るメッセージとして訳している。

この二書が、それぞれどういう成り立ちで世に残ったのか。その事情を簡単に振り返ってみたい。

西郷隆盛の生い立ち

文政十年（１８２７）、彼は、薩摩藩の下級武士の子として生まれた。幼名は小吉。十三歳で元服し、西郷吉之助と通称した。隆盛は、幕末の奔走の頃から名乗った名である。ちなみに、号（こんにちのペンネームのようなもの）は南洲という。

下級武士の西郷家は、決して裕福ではなく、むしろ町人より貧しい生活だった。西郷は、長男である。しかも、その下には三人の弟と三人の妹がいた。

つまり彼は、七人兄弟の一番上のおニーチャンだったわけだが、これがたいへんな弟妹思いで、「長男風」を吹かすことなどつゆなく、ひたすら弟妹の面倒をよく見た。弟妹たちも西郷が大好きで、よく慕っていた。彼の「リーダーとしての素地」は、この幼少期から少年期にかけての兄弟との交流にあったと言っても良い。

西郷の少年期に、ちょっと面白いエピソードがある。

彼が家族の食事に使う豆腐を器に入れて歩いていた時、同年輩の武家の息子が、いきなり物陰からわざと大声をかけた。豆腐をひっくり返してやろうという悪質ないたずら心である。しかし西郷は、その声を聞くや、器を静かに地面に下ろしてから「ああ！　ビックリした！」と、さも驚きの形相を見せたという。西郷の肝っ玉の太さとともに、家族の食事を守ろうとした彼の優しさが伝わるエピソードである。

ところで、薩摩藩には、武家の男子を教育する一風変わったシステムがあった。「郷中（ごじゅう）制度」という。だいたい同年代で同地区の武家の男子を集めて、集団行動の中でさまざまな鍛錬、学問を自主的にやらせるのである。つまり、郷中制度の「頭（かしら）」は、まさしくその集団のリーダーであり、多くの同年代の仲間を統率しなければならない。

郷中制度は、大きく分けて二段階あった。少年期の者たちを集めた「稚児（ちご）組」と、だいたい元服前後の頃から上の年代の者を集めた「二才（にせ）組」である。西郷は、稚児組でも二才組でも、周りから請われて「頭」を務めた。誰もが彼のリーダー性を認め、彼を慕っていたのである。

しかも、これまた面白いことに、西郷は稚児組から二才組になかなか上がれなかった。何のことはない。稚児組の少年たちが、西郷と別れたがらず無理矢理に西郷を引き留め続けたからである。

やがて、十六歳となり、初めて藩のお役目に就いた。「郡方（こおりかた）」という部署で、藩内の農地管理、農民の指導、年貢の徴収といった農政を一手に引き受ける部署である。ここで西郷が出会った直属上司の郡方奉行が、なかなかの人物だった。名を迫田利済（さこたとしなり）という。

迫田は、武士としては珍しいくらいのヒューマニストだった。彼は農民を大切に扱い、農民たちのために年貢を下げる運動を上に働きかけた。結局運動は失敗して迫田は辞職するが、西郷は、こうした迫田の背中を見て「農民（庶民）をいかに大切にするべきか」ということを学んだ。

迫田も、西郷にたいへん目をかけ、よく連れて歩いては「民を大切にするのだぞ」と教えていた。西郷の持って生まれたリーダー性に迫田も気づいており、それを良い方向へ伸ばしたかったのだろう。

この後、本格的な幕末動乱の時代となる。

このあたりの事情は有名な話でもあるので割愛するが、西郷は常に薩摩の若者たちのリーダーとして、そして藩を代表する男として、奔走を続けた。明治元年（１８６８）、彼は徳川の残党を追討する東制軍の大参謀として、大行軍の先頭に立つ馬上の人となっていた。

やがて、幕末の動乱に幕が引かれ、明治新政府時代となる。

ここでも西郷は周囲に請われて、国のリーダーの地位にあり続けた。明治六年

（１８７３）、陸軍大将を任され、多くの陸軍将兵がこれを歓迎した。

しかし、政府内部の争いに巻き込まれた西郷は、その年の十月に大将の地位を捨て、故郷の鹿児島（旧・薩摩藩）に帰ることを決意する。すると、西郷を慕う多くの薩摩出身の将兵が「西郷さんが東京を出るなら、我々も付いていく」と、次々軍職を辞め、西郷に従っていった。この時、近くの池が彼らの投げ捨てた陸軍の帽子でいっぱいとなり、水面が見えなくなったほどだったという。

鹿児島に帰った西郷は、地元民と地元の士族（元武士階級）に大歓迎を受けた。彼は新たに「若者の教育」を生涯のテーマとして、私学校（しがっこう）を創設した。鹿児島中の若者たちが西郷を慕って、集まった。

ところが、この中の過激派の一部が政府への反乱を企て、大きな内乱を起こす。明治十年（１８７７）の「西南戦争」である。

西郷は、今戦えば惨敗するとは十分にわかっていた。しかし黙って、彼らの戦の陣頭に立った。西郷としては、明治新政府に冷遇され続ける民と士族たちがかわいそうでしかたなく、彼らの無念を少しでも晴らしてやりたかったのである。

西南戦争は、近代装備を誇る明治政府軍によるワンサイドゲームだった。多くの鹿児島の若者が、戦火に倒れていった。そんな状況下で、政府軍は「西郷さんには投降してほしい。これからも日本のリーダーとして働いてほしいから」と、伝令を送ってきた。

反乱軍の誰もが、西郷に投降を勧めた。しかし西郷は「もう、ここいらでよか」と静かに一言述べると、周りの制止も聞かず自刃した。仲間を見捨てて自分だけが生き残る。――元よりそんなことのできる人ではなかったのである。

西南戦争後、多くの人々が西郷の死を悼んだ。西郷を暁の明星にたとえたイラストを載せて「西郷さんはいつまでも我々を見守ってくれている」といった内容のコメントをした瓦版が、刷られた。

西郷隆盛は、死してなお人々の心のリーダーであり続けたのである。

西郷が残した二著

そんな西郷が残した二著が、『西郷南洲翁遺訓』と『南洲手抄言志録』というわけである。

ところが、じつはこの二著、正確には西郷の著作ではない。

『遺訓』は、西郷を慕う彼の弟子たちが、西郷にさまざまな教えを請い、西郷が請われるまま答えてやった言葉を、書き残したものである。

しかも、これを書き残したのは鹿児島の弟子ではない。明治三年（1867）、山形

(旧・庄内藩)の人々が西郷を慕って、当時鹿児島に帰っていた西郷を訪れた。そこで、談話の中で伝えられた教訓を書き留めたのである。

庄内藩は幕末動乱当時は徳川寄りで、西郷率いる薩摩軍との死闘を繰り広げた。が、薩摩軍の勝利と終わったのち、西郷が「戦った相手にも敬意と慈悲の心で臨まねばならぬ」と、戦後処理としてはじつに寛大な処置を施した。西郷は、誰一人切腹させるような真似はしなかった。これで庄内藩は、藩こぞって西郷の弟子となり、戦後ほどなく、西郷に会いに来たというわけだ。

一方、『手抄言志録』のほうは、西郷自らが筆を執ったものである。ただし、彼のオリジナル作ではない。

幕末当時、佐藤一斎(さとういっさい)という有名な儒学者がいた。一口に儒学と言っても、いくつかの学派に分かれるのだが、一斎は、儒学の中でも「陽明学(ようめいがく)」を教える学者であった。

陽明学は、儒学の中では、むしろ反主流な学問である。身分の上下関係を認めながらも、「しかし、人間の心は平等に美しいものである。だから身分の差はあっても、差別はあってはならない」といった、じつに民主主義的な教えを説いていた。西郷は、この陽明学に自らのリーダー像を重ね合わせ、一斎の著書を何度も熟読した。

一斎の著書は、『言志録』『言志後録』『言志晩録』『言志耋録(てつろく)』という四冊のシリーズで、これらを合わせて『言志四録（しろく）』と通称する。いずれも一斎の教えを箇条書きにしたもので、その項目数は千を超える。

　西郷はこの中からとくに自分の理想、自分なりのリーダー像に合致して感銘を受けた百一項目を抜きだした。そして、これを自らお手製のノートとして書き留め、いつも持ち歩いては、事あるごとにそれを開いていた。

　西郷が亡くなって数年後、西郷にゆかりのある人物が、このノートを西郷家の遺品の中から発見。これを出版したのである。

　したがって、そこに収められている言葉は佐藤一斎のものだ。が、確かに西郷の真意を反映したものと言える。この『西郷手抄言志録』を西郷の著書として数えるのは、そうした経緯による。

　なお、本書中に引用している原文の書き下し文は、岩波文庫『西郷南州遺訓　附　手抄言志録及遺文』（山田済斎編）に拠っている。ただし、読み易さへの配慮から、旧字体をあらため、句読点と一部表記を変えている。この点、ご了承いただきたい。

　ではどうか、読者の皆様には、我が国が生んだ偉大なリーダー西郷隆盛の言葉を、自らのビジネスリーダーとしての職務に反映させて読み取っていただきたい。そしてそこから、より良いビジネスリーダーへと研鑽するきっかけを、見出していただきたい。

ビジネスリーダーを目指すなら西郷隆盛のことばに学べ

真に賢人と認る以上は、直(ただち)に我が職を譲る程ならでは叶わぬものぞ。

――『遺訓・一』

●本当の賢人だと認める相手が現れたなら、すぐにでも自分の地位を譲るぐらいの覚悟でなければ、いけない。

人は、地位に固執するものだ。

リーダーという立場にある者も「自分は常にリーダーでありたい」と願う。ごく当然の心情だろう。

しかし、ビジネスのプロジェクトというものは千差万別。プロジェクトが変われば、人材の適材適所というものも変わってくる。

そして状況によっては、ふだんは自分が指示を出している部下のうちで「このプロジェクトに関しては、自分より彼のほうがリーダーに適している」という人材が、出てくるかもしれない。

そうした時、本来のリーダーたるものが、自らの立場を譲ることができるだろうか。

「このプロジェクトに関しては、私より君のほうが陣頭指揮を執るのに向いている。だから、今回は君に任そう。私もチームの一員として君の指示に従おう」と、言えるだろうか。

難しいことではある。

けれど、それがプロジェクトを成功に導くのに「より可能性の高い選択」であるのならば、あえて自らのリーダーの地位を譲るくらいの覚悟が欲しい。そのほうが、「リーダーに固執する人間」よりよっぽど「リーダーにふさわしい人間」である。

※

この選択で、ことに難しいのは「部下にリーダーを譲ること」より「自分がその部下の下に付いて働く」ということだろう。

リーダーの地位にまで昇るには、誰しもそれなりの苦労をしてきている。そして、苦労の分だけ「俺は、ここまでがんばってきたんだ」というプライドがある。

リーダーの地位を譲るということは、そのプライドまで部下に渡してしまうことになる――といった気分にとらわれると、これは、とても心情的に納得できるものではなくなってしまう。

だが、その気持ちは誤りである。地位は譲っても「自分がこれまでリーダーとしてやってきたプライド」は、他の誰にも触れることはできないはずだ。

何ほど国家に勤労あるとも、
その職に任えぬ人を官職を以て
賞するは良からぬことの第一なり。
官はその人を選びて之を授け、
功ある者には俸禄を以て賞し、
これを愛しおくものぞ。

――『遺訓・一』

◉どれほど国家のために大手柄を立てた者でも、高い地位を任せられるだけの度量もないのに「手柄の報奨」として高い地位を与えるのは、良くないことの第一である。官職の地位とは、その者の度量と人格をよく見極めて「彼にならら任せられる」と判断した人間に、与えるものである。手柄を立てた者には、地位ではなく十分な金銭の報酬で、これを賞してやれば良い。

ビジネス運営はチームワークである。だが、ある一個人が、たとえばたいへんな発明や発見を成し遂げ、チーム全体に大きな功労をもたらすこともある。

その個人は、確かに他人にはできなかった成功を成し遂げたのだから、賞されてしかるべきだ。さて、ここで問題なのがその賞し方である。

一つの功労で、その地位を一挙に引き上げてやる。たとえば、その者を次のプロジェクトのチームリーダーに大抜擢する――というやり方もあるだろう。

しかし、このやり方は良くない。地位というものには、それ相応の覚悟と経験が必要なものだからだ。

リーダーという地位は、一つの功労だけで与えられるべきではない。その人物の人格、覚悟、ビジネスにかける真摯さ、まじめさ、積み重ねた経験などが総合的に考慮されて、与えられるべきものだ。

では、功労者にはどう賞するべきか。

あえて言うなら「その場限りの報奨金」で応えてやれば、良い。「今回に限っては、君は大きな成功をもたらしてくれた。だから、その功労に対して直接これだけの報奨金を受け取ってくれ」と、彼を賞するのである。これなら、決して功労者への不当な扱いではない。

※

成功すれば地位がアップする――というシステムは、ある意味で欧米的ではあるが、それが必ずしも正しいビジネス運営とは言えまい。

逆に言えば、これまでに目立った華やかな業績を上げたことがなくとも、地道にコツコツと努力を積み重ね、周りに大きな信頼を得ている人ならば、立派にリーダーとなる資格を持っているだろう。

ところで、報奨金となると、与える側と受け取る側で感覚のズレが生じるのは、しかたのないところだ。だからこの問題は、与える側が一方的に決めるのではなく、双方がまず膝を交えて話し合い、双方納得できる額に落ち着くよう努めるべきだろう。

一格の国体定制無ければ、たとい人材を登用し、言路を開き、衆説を容るるとも、取捨方向無く、事業雑駁(ざつばく)にして成功有るべからず。

――『遺訓・二』

◉まず「国家の基本方針」がしっかりと決められていなければ、たとえ優秀な人材を登用して発言の自由を許し、世論にも耳を傾けても、どの意見を取り入れれば良いかの方向性が定まらず、国の事業の進行は煩雑になって、結局、成功できない。

プロジェクトを始めるに当たって、まず「基本中の基本」として確立しておかなければならない絶対条件が、ある。

それは、目指すべきコンセプトと、それをチーム全員が十分理解するコンセンサスだ。

「何を目指すのか。そのために何を為すのか。いつまでに成し遂げるのか」といった大きな枠組みである。リーダーの第一の責務は、この点をチームのメンバー全員にしっかり把握させ、そのための基本的な約束、ルールをきっちりと決めて、それを浸透させることである。

コンセプトがアヤフヤなまま「マァだいたいこんな感じで……」といった調子でチームの個々が働き出すと、必ず相互に誤解が生まれる。「これは、こうでいいんじゃないか?」「いや。むしろこうだろう」と、ややこしい衝突がちょくちょく起こり、進行が停滞する。

これでは、いくら有能な人材を集め、さまざまな優れた意見が出し合われようとも、そこに一貫性が生まれず、プロジェクトは暗礁に乗り上げる。

リーダーたるもの、そうした事態に陥ることは絶対に避ける工夫をすべきである。

「だいたいこの程度説明しておけば、いいだろう」という発想は、リーダーにはタブーである。プロジェクト当初の説明は、しつこすぎるくらい細かく詳しくするべきだ。

※

なにしろ、人間というものは、それぞれに独自の価値観があり、感性がある。理解力と認識力は、人それぞれだ。大雑把な説明だと、それを聞いて「ああ。要するにこういうことか」といった「独自の解釈」をしてしまう。

このテの「自分勝手な解釈」というものは、ある意味で有能な人間ほど、しでかしがちだ。自分の認識力や理解力に絶対の自信があるから、「俺がこう思った以上は、こうに違いない」と決めつけてしまうからだ。

そうしたミスを部下にさせないために、リーダーの責任は重大である。

万民の上に位する者、己を慎み、
品行を正しくし、驕奢(きょうしゃ)を戒め、
節倹を勉め、
職事に勤労して人民の標準となり、
下民その勤労を
気の毒に思う様ならでは、
政令は行われ難し。

——『遺訓・四』

◉国民の上に立って政令を発する政治家は、まず自分自身が慎み、品行を正しくし、贅沢を戒め、節約に努め、仕事に懸命に取り組んで、国民の模範となり、そして何より「国民が政令によってどれほどの辛さや大変さを味わっているか」を、常に気遣って、思いやりを忘れないようでなくてはいけない。そうでなければ、どんな政令もきちんと実行されない。

リーダーたるもの、仕事上のことばかりではなく一個の人間として、その「人格」が部下たちに信頼されていなければならない。

これは、何も道徳問題ばかりで述べているのではない。そうした信頼あればこそ、部下は積極的にリーダーに従う気にもなり、プロジェクトの成功は近いものとなる。

リーダーが「人格を部下たちに評価されるための材料」とは、何も大きな手柄を立てることではない。日常の振る舞いである。

部下たちに横柄な態度を取らない。

たとえ小さなことでも、自らは悪事を決して働かない。

高級品を手に入れたとか、どこかの有名人と会ったとか、そんな「ちょっとした贅沢経験」をしても、それを自慢しない。

そして、当然のこと仕事には真剣に取り組む。

さらに何より大きな注意点は、部下に仕事を指示する時、「部下がその仕事によってどれだけ辛い思いをするだろうか」という「想像力」を十分に働かせることである。

もちろん「手を抜くことを許してやれ」という意味では、まったくない。やるべきことは、しっかりやってもらう。だがその一方で、「さぞかし辛かろう」と思いやってやることである。

そうした思いやりを持てるだけで、自然と部下へのいたわりの態度が生まれ、部下は辛さの中にも安穏を得られる。これがあるとないとでは、プロジェクトの進行に大きな差が出るものだ。

※

辛い仕事を部下に押しつける。そのために苦労している部下に対して、さらに追い討ちをかけるように「もっとしっかりやってくれなきゃ困るじゃないか！」などと、ガミガミ叱りつける。そんなタイプのリーダーは「最悪」である。

部下は反省どころか、「そんなに言うなら、自分でやってみろ」といった反発心しか持たない。

良いリーダーなら、そんなバカな真似はしない。「大変だろう。何か私にも手伝えることはないか」といったように、思いやりの気持ちを直接言動で示すものだ。そうしてこそ互いの信頼が強まり、成功へとつながる。

能く小人の情を察し、その長所を取り、これを小職に用い、その材芸を尽さしむる也。

——『遺訓・六』

●上に立つ者は、下にいる人々の心情を思い計って、それぞれの長所を活かせる職場に用い、その技能や才能を十分に引き出してやるべきである。

部下には一人一人、力量の差がある。だが、一口に「力量」と言っても、その実態は様々である。

たとえば「地道な作業は向いていないが、交渉力はある」「フットワークが軽いとは言えないが、綿密な書類作成の力に長けている」などなど、短所もあれば長所もあり、それらを総合して「力量」と呼ぶのである。

ならば、部下一人一人の「力量のタイプ」をよく見極め、その長所を生かせる仕事に、できるだけ就けてやるべきだ。部下を「使い分ける」ということだ。

そうすれば、どの部下もが「水を得た魚」のごとく自信を持って「自分なりの良い仕事」をしてくれる。それをうまく統括して一つの目標にチームを向かわせるのが、リーダーの役目である。

※

「短所を直すより、長所を生かせ」という「お題目」は何やら「子供の教育の提言」のようにも聞かれるが、さにあらず。これほど実社会、ビジネス社会に必要な教訓はない。

人は、短所に関わる仕事をするより、長所に関わる仕事をするほうが、ずっと効率よく進められるし、それに携わるストレスも、ずっと少なくて済む。チーム全体の仕事がずっと、はかどるものだ。

実に文明ならば、未開の国に対しなば、慈愛を本とし、懇々説諭して開明に導くべし。

――『遺訓・一一』

●本当の文明国ならば、未開の国に対して「慈愛」によって接し、文明の何たるかを根気よく、ていねいに説明して、開明の道へと誘わなければならない。

リーダーとは「文明的」であらねばならない。

では、「文明的」とはどういう姿勢か。

部下にミスがあった時、これを激しく叱り付け、厳しいペナルティを課す――といったような「力づくの押さえつけ」をしないことである。

どんな部下に対しても、まずは思いやりを持って接したい。

「この部下は、なぜこんなミスをしたのか」あるいは「こんなミスを繰り返すのか」といった理由を考えてやり、その問題点を膝を交えて話し合う。

こちらの意図や希望、忠告や提案が、すぐには通じない部下もいるだろう。だが、そこはリーダーであるこちらの「我慢のしどころ」である。

相手の理解できる言葉に注意深く噛み砕いて語り、一方、はっきりわかってもらいたいことは、遠回しにせずズバリと伝える。そうやって、十分な話し合いと説得で理解させ、問題を解決しなければならない。

そうしてこそ、あとに妙なわだかまりも残ることなく、その部下も自らのミスに反省し、いずれはミスしなくなってくれるだろう。

※

「話のわからない人間」というものは、確かにいる。

自分がミスを犯しても、それを認めたがらず、ナンやカンやとへ理屈を捏ねて自身を正当化しようとする。ミスを指摘されて怒るならまだしも、ノラリクラリとナマ返事でごまかそうとする。

何の関係もないアカの他人なら、放り出したいところである。だが、それが自分の部下となれば、それでもなんとかミスを認めさせ、納得させなければならない。

かなりの忍耐の要ることだ。が、それもまたリーダーの務めである。

どの部下も、自分が率いるチームの戦力であり、仲間なのだから。

西洋の刑法は専ら(もっぱ)懲戒を主として苛酷を戒め、

人を善良に導くに注意深し。

――『遺訓・一二』

◉西洋の刑法は、犯罪者に対して反省を促すように説いてやり、厳しい刑罰は与えず、善良な人間へと導いてやることに、注意深く配慮している。

右は、当時の欧米における犯罪者の取り扱いについて述べたものだが、読みようによっては、教訓深きビジネスリーダー論が引き出せる。

つまりは、ミスを犯した部下への対処の心構えである。

まず、厳罰や厳しいペナルティーを与えることは、避ける。

そうした方法では、「そんな厳しすぎる罰でやってられるか！」といった部下の反感を買うか、「そんなペナルティーを与えられては、もうダメだ。やる気も失せた」と部下に気持ちの失墜を起こさせるか。いずれにしろ、仕事の効率をかえって下げる。

それよりも、「なぜそんなミスをしたのか」「そのミスをカバーするため何を為すべきか」「今後ミスを繰り返さないため何に注意すべきか」といった細やかな話し合いの場を設ける。

そうすれば部下も素直になり、こちらの意見に率直に耳を傾けるようになるだろう。部下のミスを、リーダーと部下の心を通わせる好機へと逆利用するのである。

※

部下のミスというのは、ダイレクトにリーダーに返ってくるものだ。要するに「監督責任」の一言で、その部下よりむしろ、各方面からリーダーに非難、批判が集中する。

そんな仕打ちを受けては、「俺がミスしたわけではないのに……」と腹も立ち、「そもそもミスしたあいつが悪い！」と怒りが込み上げてくるのは、当然のことだ。腹いせに罰も与えたくなるだろう。

が、ここはあえてその怒りをグッと堪え、ミスした部下に柔和に接したほうが、後々で仕事に有利に働く場合が多々ある。「我慢」もリーダーの仕事の大切な一要素である。

故に囚獄中の罪人をも、いかにも緩やかにして、鑑誡（かんかい）となるべき書籍を与え、事によりては親族朋友の面会をも許すこと聞けり。

——『遺訓・一二』

◉西洋では、捕えた罪人にも哀れみを以て接し、正しい人生のあり方を諭す書物を読ませる。そして寛大に、一定の条件下で親族や友人との面会も許してやるそうである。

ミスを犯した部下に対する時、どうすれば良いか。ここでは、二つの具体的な例を挙げている。

まずは、読書を勧める。

もっとも読書といっても、何を読めば良いのかはケースバイケースだが、部下の個性や反省してもらいたい点を踏まえて、リーダーがそれなりにチョイスしてやるのが良い。

読書は、自分を見つめ直し、新たな知的発見をするのに、もっとも良い方法である。読書によって部下の知的成長が見込めるだろう。

次に、「こんなミスをするのも、ふだんの仕事で疲れが溜まっているからだろう」と声をかけ、リフレッシュする時間を与えてやる。「今は、ゆっくり過ごす時間を取ったほうが良いぞ」とアドバイスしてやるのである。

短期の休暇を与えるのも良いし、残業を減らして早く帰らせてやるのも良い。その部下が家族を持っている者なら、家族とともに過ごす時間が増えてリフレッシュの大きな効果となるだろう。独りの者でも、友人と会ったり趣味に没頭したりする時間が、同じ効果を発揮する。

その部下は、気持ちをリフレッシュするとともに、「ミスを犯した自分にここまで気を遣ってくれるなんて……」と、大いに感謝するだろう。その者が職場に完全復帰した時は、きっとこれまで以上にがんばってくれるに違いない。

要するに、すべては怒りではなく思いやりで事を処せ——ということである。

※

「読書を勧める」とは言え、忙しいビジネスマンの身としては、読書の時間を確保するのもなかなか至難の技である。となれば、「できる限り気軽に簡便に読めるもの」というのが、現実的なチョイスの条件であろう。長編小説全巻をいきなりボンと渡すのなんかは、「ありがた迷惑」になりかねない。

どんな本を勧めれば良いか。まずリーダーが自ら探し出し、読んでみるべきである。タイトルのネームバリューや新聞の評論などの情報だけで、読みもせず決めるものではない。

そしてまた、本を勧めた後で「読んだか？　読んだか？　どうだった？」などと、やたらに感想を求めないほうが良い。

部下には部下の読書ペースというのがある。さらに言うなら、勧めた本を読んでくれていなかったとしても、それはそれで良い。部下は「自分に合った本をリーダーが探し出してくれた」という事実だけで、その誠意と思いやりだけは、十分に実感してくれるはずだから。

租税を薄くして民を豊かにするは、即ち国力を養成する也。

――『遺訓・一三』

●税金を低くすることで国民の生活を豊かにすれば、それで国力そのものを強く育てられる。

右の文の「租税」を「負担」という言葉に置き換えれば、一見単純な意見に見えて、深いビジネス論が読み取れる。

仕事は、明らかに「絶対にやらなければならぬこと」と「やってもやらなくても、結果的にさして変わらないこと」の二種類に、はっきり分けられる。

「マァなくても良いと思うけど、あったらあったで、いつか役立つかもしれないから、一応やっといて」というような指示で与える仕事は、まちがいなく後者タイプである。

そして、ビジネスの現場を改めて見つめ直した時、このタイプの仕事がどれほど多いことか。

そういう場合「慎重を期して、やっておく」などと言い訳すれば、いかにも正当性があるかのように聞こえる。が、これはリーダーの計画怠慢のごまかしに他ならない。

要するに、リーダーは仕事の企画、計画を綿密にまず組み、その上で「本当に絶対やらなければいけないこと」を始めに「絞り込む」ことだ。その上で、部下たちに仕事を割り振れば、部下たちの負担もずっと軽減し、その分「中身の濃い仕事」をしてもらえる。

つまり、「仕事の負担を減らす」というのは「無駄な仕事をさせない」という意味に他ならない。

それがチームの疲れを軽減させ、エネルギーを増幅させ、「チームの力が豊かになる」ということである。

※

プロジェクトは「生き物」である。日々状況は変化し、「やらなければならないこと」も刻々と変わり、あるいは増えていくことだろう。

それでも、始めに徹底的に綿密な計画を立てておくことは必要だ。そうしておけば、チームには常に「余力」が残り、急に増えた「やらなければならないこと」にも、即対応できる。

ビジネスチームの豊かさというのは、そういうものを指すのである。

上に立つ者、下に臨で、
利を争い義を忘るる時は、
下皆なこれに倣い、
人心たちまち財利に走る。

――『遺訓・一六』

◉上に立つ者が私利私欲に走り社会正義を忘れると、下の者が皆これを真似するようになり、人々は、アッという間にカネの亡者になる。

ビジネスとは「利益を得るための行為」に他ならない。利益を求めるのは、当然の目的だ。

しかし、それと同時に「世のため人のために為す社会正義」という目的も、まちがいなく同等の要素として、そこには存在する。

この二つ目の目的を忘れた企業は、まちがいなくそれが社会に曝け出され、破綻する。あるいは、社会からの信頼を大きく失墜させ、一挙に業務不振に陥る。

その信頼を取り戻し、企業として回復するには、とてつもない時間と労力を要する。たとえ回復したとしても、そこまでの道のりで、煽りを受けた下請けの廃業など多くの犠牲を生むことになる。

二つ目の目的を忘れた「利益最優先」の企業ほど、脆く危ういものはない。

こうした事実は、企業全体の問題ばかりではない。ビジネスのプロジェクトチームにあっても、同じことである。

リーダーのアタマの中が「利益最優先」「業績最優先」となって、あるべきビジネスの社会正義を忘れると、たいてい「卑劣な行為」に走り出す。

帳簿の偽装。申請書の捏造。取り引き先に対する裏切り。顧客に対する

「口からデマカセ」の対応……。こうした行為を重ねていく。

当人は、誰にも気づかれずに「うまくやっている」つもりかもしれない。だが、身近な者は確実にそれを見ている。すなわち、部下たちである。

ここで、部下たちが揃ってリーダーを諌めてくれれば、これはじつに結構な美談だろう。だが、人間とはそんなに「強く」はない。

リーダーの不正を目の当りにした部下は、「リーダーがそんなズルをしているのだったら、自分だってやって構わないはずだ」と思い込み、それ相応の立場で甘い汁を吸おうと、卑劣に立ち回る。これは程度の差こそあれ、多くの人間が共通して持つ認識だ。

結局は、チームがこぞってズルをすることになる。こうなってしまっては、もうダメだ。結局、チームは「内部崩壊」し、あらゆるシーンで仕事は滞り、それをまたもズルく取り繕っているうち壊滅する。

「利益」と「社会正義」は、ビジネスという車の両輪なのである。

※

リーダーの不正を目の当りにしながらも、自らはそれに染まらず、ビジネ

スに真摯に取り組む部下も、中にはいるだろう。
けれど、その部下が「たった独りでチームの不正に敢然と立ち塞がる」ということまで期待するのは、酷である。周りをすべて敵に回して、誰がその者の身を守ってくれるというのか。
なればこそ「匿名の内部告発」というものは、立派な社会正義に根差した行為である。

古より君臣共に、己を「足れり」とする世に、治功の上りたるはあらず。

――『遺訓・一九』

●昔から、君主にせよ家臣にせよ、自信過剰で「俺は完全に正しい」と思い込んでいる者がいる国家が、繁栄した例はない。

ビジネスには昔から、一つの法則がある。それは「自分のやり方が絶対に正しい」と思い込んでいる人間がリーダーになると、きっと失敗する——という法則だ。

ビジネスマンとして自信を持つのは、とても良いことだ。ただし、必ずしも良くない「自信のあり方」というものがある。それは、「あらゆるシーンで絶対の自信を持つ」ということだ。

どれほどビジネスの研究を積み、自らの研鑽に努め、上からも下からも信頼を得たリーダーであっても、その能力が「あらゆるシーンで通じる」わけはないのである。

時と場合によっては、その「絶対の自信」が仕事への勢いを生み、結果として成功への大きな貢献につながる場合も、ある。ただし、それは「その仕事に限って」の話だ。その者の自信が、ちょうど良くその仕事に合致した場合に限っての話だ。

ところが、一度「絶対の自信」を持ってしまったリーダーは、「俺はビジネスの万能者だ」という奇妙な思い込みが、心の中に芽生える。だが、一人の人間が「万能者」になれるわけがない。

しかし当人がそう思い込んでいる以上は、ある仕事について自分より詳しい部下が身近にいたとしても、その者の忠告やアドバイスに一切耳を貸そうとしない。自分の自信に乗って暴走し、チームを失敗へと導く。

リーダーは、自信を持つと同時に「その自信に対する謙虚さ」も併せ持たなければならない、ということである。

※

心理学的に説明すると、いわゆる「万能感」という心理状態は、きわめて「少年的」なものである。つまり言い換えるなら、人生経験の浅い「所詮はコドモの発想」なのだ。そんなものを後生大事に抱えているオトナでは、リーダーである以前に、一人前の人間とは、とても言えない。

何程(なにほど)制度方法を論ずるとも、その人に非ざれば行われ難し。

――『遺訓・二〇』

◉どれほど制度や政策を議論しても、現場で働く人材がいなければ、何にもならない。

社内の椅子にふん反り返って座っているだけで、ビジネス現場の実情をまったく知ろうとしない上司というのは、どこにもいるものだ。

そんな者たちが、夏場に汗もかかない快適な会議室で、いくらプロジェクトの相談をし合っても、それは「机上の空論」にすぎない。

なぜなら、彼らには「現場で汗して働く者」たちへの配慮が、まったく欠けているからだ。

「そんなことはない」と、口では言うだろう。しかし彼らの本心は、働く者を、ただ言いなりになるだけの「労働ロボット」のようにしか捉えていない。

そうした者たちが立てたプロジェクトには、「誰がそれをやるのか」という「人間の具体的なイメージ」が、まったくない。単純に「どの程度の予算を注ぎ込めば良いのか」「何人いれば良いのか」といった数値でしか判断できない。

だが、現場で働くのは人間である。一人一人が自らの意志を持ち、仕事に対して自分なりの考えを持つ人間である。

そして彼らの一致団結なくしては、仕事の「現実の成功」はあり得ない。皆が「よし！　これなら俺たちでやっていけるぞ！」という自覚を持てるプロジェクトでなくては、現実は動かない。
何よりも「まず、人在りき」である。

※

ビジネスリーダーと一口に言っても、さまざまな立場がある。

自分が会議室でプロジェクトを立てる立場のリーダーであるならば、右のことを肝に銘じるべきだろう。そして、自分が現場のビジネスリーダーであるならば、会議室にいる人々に、それをしっかりと伝え、認識させるべきだろう。

総じて人は、己に克つを以て成り、自ら愛するを以て敗るるぞ。

――『遺訓・二一』

◉だいたいにおいて人間は、今の自分を超えることで一人前に成長する。しかし、今の自分に妥協して、いつまでもブラブラしていると、いつか人生の敗北を知る。

「克」という字は、たとえば「克服」と言う言葉からもわかるとおり、「力を尽くして何かを乗り越え、何かを成し遂げる」という意味だ。

つまり「己に克つ」とは、「自分の未熟さや弱さを努力で乗り越えて、誰からも信頼される人間へと成長する」という意味に取れば良い。そうなってこそビジネスリーダーとして一人前、ということである。

対して、「自らを愛する」ことは失敗につながる——という。

しかし、人が自らを愛することは、大切であるし当たり前であろう。ただ、その「愛する自分がどんな自分か」が、問題なのだ。

それは、何の反省もなく「未熟な自分をそのまま愛する」ということだ。未熟さとは、具体的に言うならば「自己への偏愛」。つまり「自分だけが正しい。そして、自分だけが幸福であれば他人のことなど知ったこっちゃない」という発想である。

こういう「自己偏愛」の人間がリーダーの立場にあると、ビジネスはまずまちがいなく失敗する。

たとえ、プロジェクトが中途まではうまく行っていたとしても、そのことを「俺だけの手柄だ」と傲慢に思い込み、そこまで苦労をともにした部下たちを、ないがしろにする。これでは当然、部下たちから信頼されなくなり、あきれられ、ついには見放される。チームはバラバラとなり、プロジェクトは中途で崩れてしまう。

どれほどプロジェクトがうまく進んでいたとしても、「これも皆、励んでくれている部下たちのおかげだ」と思えるようであってこそ、「己に克っているリーダー」だと言えるだろう。

※

自分の個性、価値観は、無論、大切である。しかしそれが、狭い視野による「偏った思い込みの産物」であるのは、やはり困る。

他者との交わりや読書の中で、もし自らの価値観に疑問を持ち、反省点を見出すのならば、その「反省の気持ち」に素直に従うのが、正しい道だ。

そうすることで、自らの個性や価値観は、より深く輝かしくなり、「本当に自分が大切にしたいもの」に変わっていく。

これもまた「己に克つ」ことの一つである。

天は人も我も同一に愛し給うゆえ、我を愛する心を以て人を愛する也。

──『遺訓・二四』

◉天は、他人も自分も平等に愛してくださっている。人間はそれに倣って、自分を愛するのと同じように他人も愛するべきである。

ここで述べている「天」とは、宗教的な神仏のことではない。

人が到達するべき「天の心」。つまりそれは、「誰にでも公平平等に接し、誰をも優しく包み込める心」という意味だ。「天」とはまさに「もっとも高みに達した心」のことだ。

そして、この言葉にもビジネスの大きなヒントが隠されている。

人は誰もが、自分が愛しい。自分が何よりも大切だ。これは、厳然たる真実である。

リーダーとて同じこと。「リーダーたるもの、自分より会社を愛せ」「リーダーたるもの、自分より部下たちを愛せ」などという説教は、現実無視の空論にすぎない。

しかし、もしリーダーが「天の心」に至れれば、どうだろう。

「自分より部下が大切」にはならなくとも、「自分も部下も同じように大切」という心境になれる。

部下を「自分並みに大切」と思えれば、これほどリーダーと部下の心が結束できるきっかけは、なかろう。

※

前ページの説明は無論、はるか遠くの理想論である。「天の心」を簡単に手に入れられる人間が、そうそういるわけはない。

けれど、そうした「天の心」がある——という認識を持って日々過ごすことが、重要なのだ。その認識はきっと、その者がリーダーとして少しずつでも高みに昇っていける原動力になるはずだから。

事には上手下手有り、物には出来る人出来ざる人有るより、自然心を動かす人も有れども、人は道を行うものゆえ、道を踏むには上手下手も無く、出来ざる人も無し。

――『遺訓・二九』

◉仕事には、上手な者も下手な者もいる。できる人もできない人もいる。人生の道に迷い、心がグラグラと動いてしまう者もいる。けれど、人間とは本質的に「正しい道を歩む存在」なのであり、だから、正しい道を歩むのに上手も下手もなく、できないという人も、実はいないのだ。

ビジネスと一言で言っても、その内容はさまざまだ。当然、ビジネスマンと一口に言っても、仕事の内容によって、うまい人もいれば苦手な人もいる。仕事を見事に成し遂げられる人もいれば、どうにもできないという人もいる。当然の話である。

だからこその適材適所。ここが、リーダーの腕の見せどころである。

しかし、スキル的な問題はさておいて、そのビジネスチームの全員が一様に持っている――というより持っていなければいけないものが、ある。

それは、プロジェクトに対する「目標意識」だ。

何が得意だろうと不得意だろうと、皆が一様に「この仕事はどのように成し遂げられれば成功なのか」といった「具体的なイメージ」を持つことである。

中には、その目標意識がアヤフヤで「自分は何のために今、目の前の仕事をやっているのか」をよくわかっていない者も、いるだろう。リーダーたるもの、そうした部下には目敏く気づき、その目標意識をしっかりと説明してやり、わからせてやらねばならない。

目標意識さえ皆が共有できれば、そのチームは過たず、仕事の成功へ向けて着実に歩みを進めることができる。

※

しかし「目標意識の明確な共有」というのは、簡単にできる芸当ではない。具体的に言うなら、たかが一、二回のレクチャーやミーティングで成せる技ではない。

人は「言葉の生き物」である。「黙っていてもわかり合える」なんて浮ついた理屈は、シビアなビジネスの世界では通用しない。やはりここは、仕事の中途中途で何回もレクチャーやミーティングを重ねることだ。そうすれば、当初は漠然としかわかっていなかった部下も、徐々に明確なイメージを持てるようになるだろう。

ただし、ミーティングの類は、やたら回数を重ねれば良いというものではない。集まったは良いが誰かが資料を読み上げてそれでオシマイ——という「ただの茶飲み話」に堕したミーティングなど、時間の無駄遣いにしかすぎない。

毎回のレクチャーやミーティングを、どれだけ内容あるものにできるかどうか。これも、リーダーの力量の「試されどころ」である。

人に推(お)すに公平至誠を以てせよ。公平ならざれば英雄の心は、決して取られぬもの也

――『遺訓・三五』

●他人と接する時は偏見を持たず、えこ贔屓せず、常に公平で誠実であれ。こちらが公平でなければ、優れた人材はそれを見抜いて、決して仲間になってくれない。

リーダーたるもの、部下に接する態度には絶対的な条件が二つある。

まず第一に、「公平」であること。

つまり、個人的な好き嫌いで、えこ贔屓したり邪険に扱ったりといった真似は、決してしないこと。

そして第二に、「至誠」であること。

どんな相手をも見下したり、軽くあしらったりせず、正面からきちんと向き合うこと。

そして、このリーダーの「公平至誠」は、ビジネスに大きな貢献をもたらしてくれる。

リーダーが「公平至誠」であるならば、誰もがそのリーダーに信頼を置き、「この人ならば付いていこう」と思ってくれる。つまり、そのリーダーの下に人材が多く集まってきてくれる。

そして集まった人材の中には、傑出したスキルを持つ者も、いるかもしれない。有能な部下を得られるチャンスというわけである。

逆に言うなら、「公平至誠」を持たず、「あんなリーダー、付いていく価値はない」と周りに安く値踏みされてしまったら、有能な人材はまず寄ってきてくれない。良いチームを作ることはできず、良い仕事はできない。

※

誰にでも「至誠」の心構えで接せよ——とは言われても、現実には難しい話だ。中にはどうしたって「見下したくなる部下」も、いるものだ。

それは、こちらの責任ばかりではなく、部下当人の問題でもある。「見下されてもしかたがない未熟さ」を抱えている部下である。

しかし、そこはあえてグッと堪え、対等の人間として接しようと努力すべきなのだろう。そうし続ければ、いつかはきっと、その部下も自分の未熟さに気づき、心の成長を成し遂げてくれるかもしれない。

彼の強大に畏縮し、円滑を主として、
曲げて彼の意に順従する時は、
軽侮を招き、好親かえって破れ、
ついに彼の制を受るに至らん。

――『遺訓・一七』

◉西洋の強大さに萎縮し、ただ円満に話をつけようとして、こちらの意を曲げて西洋の言いなりになると、相手はこちらを軽蔑して軽くあしらうようになり、親しみある外交が破れ、ついには西洋の制圧を受け入れることになる。

リーダーは、自ら交渉の席に座る機会が多い。顧客、親会社、取り引き先、同じプロジェクトのパートナーとなる他企業……などなど、その相手は多岐にわたる。

交渉の席で「純粋な対等の関係」は、むしろ希である。そこにはどうしたって「強弱関係」が厳然と存在する。交渉の口調は対等であっても、互いの心の奥には、この「強弱関係」がはっきり意識される。

そして、こちらが「弱い立場」の場合は、どう接するべきだろうか。

人によっては、ただただ相手の言うことを「ごもっとも、ごもっとも」とうなずく一方で、反論もせず、相手の言いなりになることで、その交渉を切り抜けようとするだろう。

「それで話が円滑に進むなら、いいじゃないか」と、彼は自らを正当化するだろう。

しかし、これは明らかに卑屈な態度だ。そして、こうした卑屈さは、結局はビジネス上の失敗となり、損失につながる。

相手の立場をあまりに追従した態度を取り続けると、相手の側の気持ちが徐々に変わってくる。もともと「強者側」として意識していた気持ちが、ますます強くなる。平たく言ってしまえば「付け上がってくる」のだ。

そして、こちらをナメてかかってくる。「なんだ。こいつ、こっちの言いなりじゃないか」と、蔑視の目を向けてくる。

こうなると、本来の強弱関係以上に「心情的強弱関係」が強くなる。

相手側は涼しい顔をして、一方的にこちらの不利な条件を突きつけてくる。「では、これでいかがでしょう」と、表情だけは満面の笑みを浮かべて。

交渉がここまで来てしまったら、もうオシマイである。いまさら反論できる雰囲気ではない。内心いかに不服でも「承知いたしました」と頭を下げるしかない。圧倒的な不利な条件に、表面上は納得顔で判を押すしかない。

たとえこちらの立場が弱くとも、いや、弱いからこそ、交渉の席では「対等の立場」であるという強い気持ちを持たねばならない。

※

強者側に対する追従の最たるものは、ズバリ「収賄」であるが、これはビジネス交渉以前の「犯罪」であり、無論のこと論外だ。

そして、具体的なカネや物品の「収賄」でなくとも、「心の収賄」といったもの、つまり「相手へ平身低頭して、オベンチャラの限りを尽くす」ような真似も、「犯罪」でないだけで、その醜さに変わりない。

入るを量りて出づるを制するのほか更に他の術数無し。

——『遺訓・一四』

●入ってくるカネを計算して出るカネをそれ以内に抑える他に、健全な財政は成り立たない。

どんなプロジェクトを進めるにせよ、「先立つもの」がなければ始まらない。つまりは、カネがなければ話は進まない。要は、予算の問題である。

予算については、二つの発想がある。

まずは、「どれだけの出費が見込まれるかを考え、それに合わせて予算を組む」という発想。

そして、「まずどれだけの予算を準備できるかを考慮し、その予算の枠内で進められるプロジェクトのやり方を考える」という発想。

出費が先か、予算が先か。が、賢明なのは、後者であろう。

「決められた枠内で工夫する」という姿勢がまずあってこそ、無駄を省き、「より効率よく仕事を仕上げる段取り」のアイディアというものが生まれる。ビジネスは、時間をかければかけるほどカネのかかるものだから、日数調整の工夫も始めに考えることになる。無駄な時間をかけず、必要最小限の日数で仕上げる工夫をする。

対して前者の発想だと、出費優先の考え方だから、やたら規模の大きなプロジェクトを立ち上げて「これだけ必要なんです」と、カネを要求することになる。これが一旦通ると、次には、「必要だ」と言えばいくらでもカネを出してもらえる――というような錯覚を起こし始める。プロジェクトを際限なく広げ、平然と時間をかけて、「またこれだけ必要になります」

と、際限なく予算を請求することになる。そんな進め方で仕上げるプロジェクトには、いったいどれほどの予算を注ぎ込むことになるか。予算の回収にさえ、どれだけの時間がかかることか。

賢いビジネスリーダーならば、どちらのやり方が会社のプラスとなるか、言うまでもなく判断がつくだろう。

※

昔から「無い袖は振れない」とは、よく言ったものである。

だが、ここで問題なのが「予算の中には人件費も含まれている」ということだ。

当然、決められた枠内の予算には、働く人々に支払う報酬も入っているわけだが、「予算が少ないから人件費を削る」という発想は、決して正しくない。

働く側に「納得できるだけの人件費」を支払うのは、営業者サイドの「最低限の誠意」というもので、その誠意を見せない限り、人は付いてこない。双方が十分に話し合い、互いの妥協点になる額を見つけ出すことだ。

己に克つに、事々物々時に臨みて克つようにては、克ち得られぬなり。

――『遺訓・二二』

◉「今の自分を超える」とは、いつ何時でも、目の前のさまざまな誘惑に打ち勝っていくことだから、なかなか簡単にはできないことである。

ビジネスマンは「辛抱が商売道具」のようなものである。交渉先とのやりとり。ノルマとの戦い。納期との競争。そして、あらゆる人間関係。

「ここは我慢だ」「ここが辛抱のしどころだ」「ここは、自分を抑えなければ……」と、ビジネスマンはさまざまなシーンで忍耐を強いられる。

しかし、こうした我慢や忍耐が、その場限りのものでは心許ない。

つまり「ふだんからの精神修養」によって「心の底にまで染みついた忍耐力」があってこそ、我慢とは続けられるものだ。

それなくして、「その時その場だけの我慢」を続けるということは、そもそも「自分には本来ない忍耐力」を「あるかのように見せているだけ」である。こんなことが積み重なっては、身が持たない。

我慢は、どんどんストレスとなって溜まっていき、いつか爆発してしまう。「もうこれ以上やってられるか！」と、何もかも放り出したくなってしまう。

しかも、そうした爆発が何のメリットも生まないことは火を見るより明らかだ。

これまでのストレスを一気にぶちまけて荒々しく不満を口走る人間の姿は、決して格好の良いものではない。周囲は、同情するより先に、気持ちが引いてしまうだろう。嫌悪感さえ抱かれてしまうかもしれない。

ビジネスマンを続ける限り、我慢はいつまでも付いて回ってくる。「我慢するのが当たり前」と思えるようにまでなれなければ、ビジネスマンは続けられない。

※

「心の底にまで染みついた忍耐力」。それは平たく言ってしまえば「我慢に慣れる」ということだ。

あらゆることに慣れることが、人として必ずしも正しいことではないが、我慢に慣れるのは、多くのビジネスシーンでプラスに働く。

これもまた、ビジネスリーダーが部下に範を示したいものだ。「なんで、あそこでこっちが我慢しなけりゃならないんですか!」とふてくされて口を尖らしている部下に、「こちらの我慢が先方の好意を引き出して、仕事がうまく運ぶんだよ」と冷静に状況を説明してやれるくらいに、リーダーなら、なりたいものである。

過ちを改るに、自ら誤ったことさえ思い付かば、それにて善し、その事をば棄て顧みず、ただちに一歩踏み出すべし。

――『遺訓・二七』

◉過ちを改める時は、自ら「過ちを犯した」と反省すれば、それだけで良い。犯してしまった過ちの後悔ばかりせず、ただちに次の一歩を踏み出すべきである。

ビジネスに失敗は付きものである。一度も何のミスもなくビジネスマン人生を終えられた人間など、絶対にこの世にいない。

ビジネスの失敗の恐いところは、それが「個人の責任」で済まされないことだ。一人の失敗は、チーム全体の仕事に関わり、仲間たちに迷惑をかける。それどころか、会社全体に大きな損失を被らせる恐れさえある。だから、失敗はできる限り抑える努力をしなければならない。緻密な計算の上で動き、状況の変化を予測して動かなければならない。

そして何より大切なことは、毎日繰り返している仕事でも、それを「慣れ」としないことだ。「慣れ」は無意識な行為につながり、無意識のミスを呼ぶ。どんなに毎日同じことをやっているとしても、毎回いちいち作業の確認をするくらいに気持ちを引き締めていることが大切だ。

が、それでも失敗する時は失敗する。

そうなってしまった時は、どうするべきか。まずするべきことは、「自らの過ちを反省する」ことだ。

迷惑をかけた各方面には、できる限りの謝罪の意を表わす。そして、謝罪が済んだならその失敗はサッパリと心に区切りをつける。

けれども、そこで終わってしまっては、しかたがない。

心に区切りをつけたら、次の一歩を踏み出すのである。その勇気があれば、次こそは汚名返上、名誉挽回のチャンスがきっと訪れてくれる。

※

原文では、「一度の失敗をクヨクヨ悩み続けるのは、割った茶碗のカケラを無理矢理にくっつけようとするものだ。そんなヒマがあったら、新しい茶碗を買ってくるほうがずっとマシだ」といった内容の言葉が、続いている。なかなか面白いたとえであろう。西郷隆盛は文学的センスもある人だ。

確かに、ミスをクヨクヨ悩み続けても、何の解決も発展もない。ミスした部下がそんなふうにクヨクヨ状態に陥っていたら、リーダーたるもの、このたとえ話でも持ち出して「一緒に新しい茶碗を買いに行こうじゃないか」と声をかけてやりたいものである。

たとえば近隣に出火有らんに、平生処分する者は動揺せずして、取始末も能く出来るなり。平日処分無き者は、ただ狼狽（ろうばい）して、なかなか取始末どころには、これなきぞ

――『遺訓・三三』

●たとえば隣が火事になった時、ふだんから心の修業ができている人は、動揺せず的確に行動できる。対して、心の修業ができていない人は、ただ狼狽して何もできない。

ビジネスマンの仕事は、たいていは毎日が淡々と進む。そんな日常にあっては、どんなリーダーも同じように見える。

しかし、チームが意外なところで思いもよらぬアクシデントに見舞われた時、冷静に対処できるリーダーと、何もできずにただオロオロするリーダーに、はっきり二分される。無論、前者のリーダーこそが本当のリーダーであって、後者は、ただの「お飾りリーダー」だったにすぎない。

たとえるなら、火事に見舞われた時に生き残れる人間か、そうでない人間かの違いである。

前者のリーダータイプは、近隣の火事に巻き込まれた時、煙を吸わないよう口にものを当て、家族にもそう指示を与えて、体を低く移動し、無事に外へ脱出できる人物である。火事という事態にあっては、何よりも身の安全が第一なのだから。

ところが後者のリーダータイプは、火事に気づくや慌てふためき、何もかも外へ持ち出そうとして火の海の中でオロオロし、焼死体となる末路を迎える。

この差は、ふだんの心構えの問題だ。どんなに平穏な日常にあっても、あらゆる緊急事態、非常事態が常に「起こるかもしれない」と心がけ、そうした場合どう動くべきか、心の中でシミュレーションしているリーダー。対して、日常の平穏が永遠に続くと思い込んで、ただノホホンと過ごし、緊急事態、非常事態など想像もしていないリーダー。

後者のリーダーの下に付いてしまった部下たちは「不運この上ない」と嘆くしかない。

※

ビジネスのアクシデントというのは、いろいろなものがある。が、だいたいは想定できるはずのものである。

たとえば、帳簿の付けまちがい。人材派遣のミス。取り引き先との連絡ミス。さらに言うなら、台風や地震といった自然災害……。

良いリーダーならば、これらのことは「起こるかもしれない」こととして、常にアタマの隅に置いておく努力をするものだろう。もちろん、その努力がすべて無駄になることのほうが、断然良いことではあるのだが。

策略は平日致さぬものぞ。策略を以てやりたる事は、その跡を見れば善かざることこと判然にして、必ず悔い有る也。ただ戦に臨みて策略無くばあるべからず。

――『遺訓・三四』

◉策略は、ふだんはしないべきである。策略を用いて行ったことは、その痕跡をたどれば「卑怯な方法で行った」とばれてしまい、必ず後悔する。ただし、生きるか死ぬかの戦争の場合は、策略を用いるのもやむを得ない。

ビジネスには、さまざまな駆け引きがある。リーダーとは、ビジネスの駆け引きを請け負う立場でもある。

いかに自分の側を有利にするよう話を持っていくか。いかにこちらの利益をより高く見積もれるか。互いに手の内、心のうちを探り合い、会談を進めていく。

こうした駆け引きの場で、バカ正直にこちらのすべてを曝け出すリーダーというのは、正直を通り越して愚かである。相手につけ込ませるチャンスをくれてやるだけで、何らこちらのメリットにはつながらない。ビジネスの駆け引きは、どんな規模のものであれシビアなのだ。

とは言え、どれほど難しい駆け引きであっても、平生はやってはいけないことがある。

それは「相手の裏をかく」という策略だ。

相手の思いもよらない「隠し玉」を、いきなり出して脅しをかけたり、相手が信じている事柄について、いきなり「じつは違うのです」と言い放って揺さぶりをかけたりする。こうした手立ては「嘘をついているわけではない」けれど、やるべきではない。

なぜか。互いの信頼関係にヒビが入るからだ。相手に「嘘をつかれたわけではないが、やり方が汚い」と、悪印象を与えるからである。

だから「その相手と、後々までつながりを持ち続けたほうが得策だ」と判断したならば、こうした手は使わないのが正しい。

ただし、これも時と場合による。

どんな汚い手を使ってでも、それが「法に触れないもの」である限り、策略の限りを尽くし、相手の裏をかく手法を畳み掛ける。そこまでやらねばならない状況も、ビジネスにはありうる。

当然、その相手とは当分は断絶を余儀なくされるだろう。しかしそのリスクを背負ってでも、「何としてもこの駆け引きは勝たなければならない」というシーンが、ビジネスには起こりうるものだ。

そうした時、自らが泥をかぶる覚悟で挑めるかどうか。リーダーの「強さの試されどころ」である。

※

日本人は、理屈抜きで「正々堂々の勝負」を美徳と思い込む傾向があるから、どんなに優れた策略でも、策略というだけで「汚い」「卑怯だ」と罵られがちだ。

だが、そんな罵りをするのは、何のリスクも背負わずに外から眺めているだけの傍観者たちにすぎない。「そんな無責任な外部の声に負けるものか」と堂々と言い放てるなら、その者はたいしたリーダーである。

聖賢に成らんと欲する志無く、古人の事跡を見、「とても企て及ばぬ」と言うようなる心ならば、戦に臨みて逃るより、なお卑怯なり。

――『遺訓・三六』

●自ら聖賢になろうとする志も持たず、昔の聖賢の書物を読んでも「とても自分には真似できない」と初めからあきらめる者は、戦場から逃げていく兵士より、なお卑怯である。

立派なビジネスマンを目指そう――という意気込みは、ビジネスの世界に生きる者なら、誰にでも持ってほしい志だ。

その理想像は、様々なところからヒントを得られる。

直接仕えている上司が理想像となる場合も、あるだろう。あるいは、直属でなくとも「あんな人になりたい」と感動を覚えるビジネスの先輩が、近くにいるかもしれない。

または、歴史に残る経済人たちの記録に感銘を受け、そこに理想像を見出せる場合もある。

さらには、はるか昔の歴史上の人物に隠されていた意外なビジネスセンスを発見し、大きなヒントを得られるかもしれない。

たとえば、当時の最新兵器である鉄砲の威力にいち早く気づいた織田信長。「海援隊」という組織を作り、国際市場で海運業を営もうとした坂本竜馬。その他すばらしいビジネスセンスを持っていた歴史上の人物は、じつは数知れない。

しかし、そのような優れたビジネスの先達たちの姿を見て感動を覚えても、「たいしたモンだ。けど、とても俺には真似できない」とアッサリあきらめてしまうようでは、あまりに情けない。

確かに、自分はそれだけのビジネスマンにはなれないかもしれない。それが、客観的で合理的で現実的な判断かもしれない。

けれど、現実は現実。志は志である。やはり、人は自分なりの理想を追い、自分なりの志を持つべきだ。

志なく生きる姿は、決して格好の良いものではない。

※

ビジネスリーダーの立場からすれば、自分が部下たちの理想像となり、部下たちのビジネスへの志を手助けできる存在になれたなら、これほどすばらしいことはない。「部下たちの理想像になろう」というのも、立派なビジネスリーダーの志である。

聖賢の書を空しく読むのみならば、たとえば人の剣術を傍観するも同じにて、少しも自分に得心出来ず。自分に得心出来ずば、万一「立ち合え」と申されし時、逃るよりほか有るまじき也。

――『遺訓・三六』

●聖賢の書をただ漫然と読み飛ばすような態度は、たとえば他人の剣術をただ眺めているだけなのと同じで、少しも自分の修業にならない。そんなふうにして修業をまったくしていない者は、いざ「剣術試合をしろ」と命じられたら、逃げるしかない。じつにみっともない。

ビジネスの世界に生きていると、さまざまな教訓、アドバイスを得る機会があるものだ。

ビジネスに直接関係するものから、より次元の高い哲学や人生論の話まで。上司や同僚など、人からそれを教わる場合もあるだろうし、ふと出会った書物から多くの教訓を見出す場合もある。

しかし、どんなに良い教訓やアドバイスを見聞きしても、それを実際のシーンで生かせなければ何にもならない。

それを聞いたり読んだりした時ばかりは「なるほどぉ。これは良い話だなぁ」と感心もするが、それっきりで後は忘れてしまった――なんてことになっては、何の意味もない。

やはり「うん。これは良い話だ。今後の俺のビジネスにも人生にも、良い教訓になる。よし。しっかりと心にとどめておこう」という積極的な意識があってこそ、いざという時、意外なシーンでその教訓は生かされる。

せっかく得た教訓を忘れて後で何にも生かせないのは、たとえるなら、剣士が他人の剣術試合をボーッと眺めているだけで、その見学から自らの技を磨くヒントを得ようとしないのと同じことである。

そんな剣士は、どれほど優れた剣術試合を何回見学しようとも、ちっとも自分の剣の腕は上達しない。そして何かの機会に、実際に自分が剣術試合の場に立たされた時は、ほうほうの体で逃げ出すかボッコボッコに叩きのめされるかで、いずれにせよ大恥をかくことになる。

ビジネスの世界でも、つまらないミスで恥をかくのは、こうしたタイプである。日頃せっかく出会った多くの教訓やアドバイスをちっとも心にとどめておかず、毎日をただノホホンと生きている人間である。

※

リーダーの立場にある者は、部下にさまざまな教訓やアドバイスを送るのも、一つの責務だろう。

そのためには当然、日頃の読書や人との対話を通し、自らの心のうちに、優れた教訓やアドバイスを貯めておかなければならない。

そうした努力もせぬまま、狭い視野と価値観で愚にもつかない教訓を部下に御大層に述べ立てて悦に入っているようなリーダーでは、なんとも情けない。

世人の唱ふる機会とは、
多くは僥倖のし当てたるを言う。
真の機会は、理を尽くして行い、
勢いをつまびらかにして
動くと言うにあり。

——『遺訓・三八』

◉世間の人が「チャンスをつかんだ」と言うのは、たいていは「ただのまぐれ当たり」にすぎない。本当の「チャンスをつかむ」とは、論理的に考え抜いて行い、時勢をきちんと見極めて動き、その成果として得ることである。

ビジネスマンの息抜きの一つとして、競馬や競輪といったギャンブルを楽しむ人がいる。ギャンブルは人類の有史以来、人々に高揚感を手軽に与えてくれるものとして、あらゆる地域で発展してきた。ある意味で、立派な人類の文明である。

ただ、たまに競馬などで大穴を当てると「俺は神様に認められた人物だ」とでも言わんばかりに大はしゃぎして喜んでいる人を、時折見かける。そして、それを何やら「自分の手柄」かのように吹聴して回る人が、いる。

しかし、そんなラッキーは、たまたまの運の巡り合わせにすぎない。当人の手柄でも何でもない。ただの偶然だ。

本当の意味でチャンスをつかみラッキーを得ることが「手柄」として認められるのは、そこに至るまで当人の地道な努力があり、その結果ラッキーを手にした場合である。

ふだんから物事の推移をしっかりと観察し、常に合理的な道を模索して、「ここがチャンスだ」と気づいた時、素早く動く。そうした努力を成し遂げた者には、「当然の結果」としてラッキーが訪れる。

息抜きのギャンブルでラッキーを手に入れるのは、それはそれで結構な話だ。喜ぶことに何のためらいがあろう。大いにはしゃいで良いことだ。

しかし、ビジネスという「真剣勝負の場」において、少しでも「遊びのギャンブル気分」を持ち込むことは、絶対に許されない。ましてや、何の努力もせずに「競馬で大穴を当てた俺なんだから、またラッキーが舞い込んでくるんではないか」などと甘えた妄想をすることは、勘違いも甚だしい。

※

要するに、ビジネスにおけるラッキーというものは舞い込んでくるものではなく、この手でつかみ取るものだ――という話である。

何かの拍子で一度うまいことになったとしても、それが「努力の結果」でない限り、およそ自慢できるものではない。これは、ビジネスリーダーが部下に与えるべき教訓の一つだろう。

今の人、才識有れば事業は心次第に成さるるものと思えども、才に任せて為す事は、危うくして見て居られぬものぞ。体有りてこそ用は行わるるなり。

――『遺訓・三九』

◉最近の人は、才能と知識さえあれば仕事はうまく行くと考えているけれど、才能だけを頼んで進める仕事は、危うくて見ていられないものだ。現場で汗を流し体を張ってがんばる気概があってこそ、仕事は成し遂げられるのだ。

「ビジネスマンに必要なものを二つ挙げよ」と聞かれたら、何と答えるか。

「才能と知識」と答える人が、多いのではないか。

確かにビジネスには、それぞれの職種に合わせた企画力、交渉術、対話力、管理能力、技術力……と、さまざまな才能が必要となる。

そして、ビジネスにとって知識の必要性は、絶対である。その職種職種によって専門的な知識があり、しかもそうした知識は日々ものすごいスピードで増え、進化していく。一年前の知識が、もうすでに「お払い箱」の古い知識に堕してしまう例も少なくない。無論、株価の変動などカネの流れに関する知識も、常に新しいものを知っていなくてはならない。

だが、「才能と知識」だけで事が成せるだろうか。

言わば、才能も知識も「ビジネスの武器」にすぎない。武器だけがポンと地べたに置かれて、それで何かが起こるだろうか。

当たり前のこと、武器に意志はない。人が装備しない「武器」は、ただの「精巧に細工された鉄の塊」にすぎない。

ビジネスの現場で実際に動くのは、人である。その武器を操り、ビジネスを進めていくのは、やはり人の「心」であり「意志」であり、そして「志」だ。「これらの武器を操って、何を為そうか」と考え、目標を定めて突き進む。それがビジネスである。

おのれの才能を誇り、知識の吸収に精を出すのは、大切なことだ。しかし、そこで終わってしまっては何の意味もない。手に入れた武器は使わなければ、何の成果にも結びつかない。

「手に入れた武器を、きれいに飾って眺めて悦に入る」なんてことは、ビジネス評論家か、ビジネスから退いた隠居者のやることである。現役のビジネスマンは、手に入れた武器がボロボロになるまでそれを使いきり、おのれの「志」を遂げなければならない。その先頭に立つのが、リーダーというものである。

※

原文で「今の人」とされているのは、明治時代に入っていた当時、幕末の戦いの厳しさも、その戦いのさなかの志も忘れて、ただ「近代化、近代化」と叫んでいた多くの人々のことを指している。

しかし、この原文を読むと、二十一世紀現在の我々が「今の人」と呼ばれているような気もする。

身を修し己を正して、
君子の体を具うるとも、
処分の出来ぬ人ならば、
木偶人（もくぐうじん）も同然なり。

――『遺訓・四一』

◉修業の真似事をして立派な服装を身にまとい、見た目は「君子」の様相を呈していても、仕事をこなせない人は、ただのお飾り人形と同じである。

日々、自分の生活リズムを厳格に守り、人付き合いも適度にこなし、与えられた仕事はきっちりやる。そうやって毎日まじめに過ごしている人というのは、誰の目から見ても立派なものである。

だが、「毎日同じことの繰り返しだけで平穏無事に生涯を終えられる人」などというのは、よっぽど幸運の人である。人生にはたいてい何かしらのトラブルがあり、不運が舞い込み、さまざまな非常事態が起こるものだ。

ビジネスの世界は、とくにそうである。人間を相手にしてカネを動かす。これほどシビアな世界はない。当然、人間関係、仕事関係のトラブルや非常事態は、いつ起こるかわかりはしない。

トラブルのない毎日をまじめに過ごしている人というのは、誰でも「本当に立派な人」なのか。じつは「見た目だけの立派さ」にすぎないのか。その差は、まさしく何らかのトラブルや非常事態に遭遇した時に、はっきりわかる。

トラブルに出会った時、ふだんの平穏な生活の中では見せない迅速な動きで即座に対応できる人間こそが、まさに「本当に立派な人間」である。

トラブルが起こって毎日の生活ペースが乱されるや、たちまちオロオロし出して何も対処できないような人間は、「見た目だけの立派さ」を被っていたにすぎない。言ってみれば、「毎日規則正しく行動するようにプログラムされただけの人形」である。たちまち「ふだんの立派な態度」というメッキがはがされて、周りの者たちに幻滅されるだろう。

本当に理想的なリーダーが、どちらのタイプか。いまさら言うまでもない。

※

トラブルや非常事態に出会った時、即座に対処できる人というのは、常日頃から「トラブルや非常事態が起こるかもしれない」と覚悟し、それを想定している人である。

もちろん起こりうるトラブルは、業種、職種、プロジェクトによって、さまざまだ。しかし、それらを想定できる人は、平穏な日々を過ごす中にも「こういうトラブルが起きたらこう対処しよう。こういう非常事態には、こう動こう」と、頭の中で具体的なシミュレーションを繰り返している。

「こういうトラブルが起こるかもしれないなぁ」と、ただ漠然と想定しているだけで、あとは何も考えていないようでは、その想定に何の意味もない。

実質、トラブルへの対処がまったくできない「人形ビジネスリーダー」とまるで変わらない。

小人ほど才芸ありて用便なれば、用いざればならぬもの也。さりとて長官に据え重職を授くれば、必ず邦家(ほうか)を覆すものゆえ、決して上には立てられぬものぞ。

――『遺訓・六』

◉地位の低い者にも、隠れた才能があって仕事をこなす力があるものだから、大いに登用するべきである。ただし、いきなり高い地位に就けて重要な仕事を任せると、プレッシャーに負けたり驕り高ぶったりして国家にマイナスとなるので、初めのうちはあまり高い地位に就けられない。

右の原文にある「小人」とは、我々のような一般人を指している。

つまり、世の中でさして目立たない一般人でも、一人一人が何かしらの優れた才能を持っている——ということだ。けれどその才能は、容易には外からわからない。だから、その才能を見出し、生かせる場を誰かが与えなければならない。

ビジネスの世界で言えば、リーダーの立場にある者が、部下一人一人の才能を見抜き、それを生かせる職場、それを生かせる仕事を与えなければならない——という意味である。

もっとも、この原文で重要なのは、その後の記述である。

「しかし、だからと言って彼らに安易に高い地位を与えてはいけない」と、ここでは述べている。

高い地位を与えてもらえれば、誰とて嬉しいだろう。意気に感じて、一層がんばれるだろう。しかし、純粋な気持ちでがんばれるのは始めだけでである。

高い地位とは、それだけの責任を背負わされるということだ。自らを正しく律して、仕事の面でも人格の面でも、下の者の手本にならなければならない。それは、とても厳しく、強い意志と高い志がなければやっていけるものではない。

だから、部下に安易に高い地位を与えると、その部下は、やがて重責に耐え兼ねて潰れてしまう。

重責の辛さから、独り逃げ出してしまうか。

あるいは、やけになって「地位に付随する権力」だけを振りかざす哀れな人間に堕してしまうか。たとえば、託された高額予算を自分の遊ぶカネに回してしまうなどの愚行を始め出すか。

そしてその事態は当然、延いては、組織全体、チーム全体にも被害を及ぼす。潰れてしまった部下も、チームも、双方ともにある意味で被害者であろう。

つまり、ビジネスリーダーにおける必須条件の「適材適所」とは、それぞれの立場に付随する「地位の高さ」と「責任の重さ」まで考慮に入れて為されなければならない――ということだ。

部下一人一人に合った「仕事」と「責任の重さ」。そのバランスを常に考えなければならないということである。

※

世の中、「地位」と「権力」を二つで一セットのように考えている人もいるが、実際は「地位」と「権力」と「責任」の三つで一セットなのである。

その三つの要素のどれもが、ほどほどにバランスよく与えられてこそ、人は仕事に張りを感じ、気分よく仕事ができる。

リーダーたるもの、この「三要素一セット」をくれぐれも心にとどめ、片寄りのないように部下に仕事を託さねばならない。

およそ事を為すには、すべからく天に仕うるの心有るを要すべし。人に示すの念有るを要せず。

――『手抄言志録・四』

◉どんな仕事をする時も、常に「天の正義に私は仕えているのだ」といった謙虚な気持ちを持つべきだ。そして、「どうだ。俺の仕事ぶりは立派だろう」などと、他人に自慢するような浅ましい気持ちを持ってはならない。

自分にどれほどの権限があったとしても、「この力は俺の実力で勝ち取ったものだ」などと、自惚れてはいけない。そういう自惚れは必ず表に現れ、周囲からの反発を買う。

権限とは「仕事を成功させるために天が私に預けてくれたものだ」くらいの謙虚さを持って、受け入れるべきだ。そうすれば、周囲も進んで協力してくれるようになるものだ。どんな時であっても、ゆめゆめ「どうだ。俺のリーダーっぷりのスゴさは！」などと、自分の手柄をひけらかさないことである。

※

中途半端な実力者ほど、おのれの自慢話や武勇伝を語りたがる。そして周囲から「たいしたものですねェ」などと感心したかのように誉めそやされ、いい気になる。

しかし、その賞賛の声が相手の本心から出たものかどうか。それは、確かにはわからない。それどころか、そうした自慢話がかえって、部下の反発心や侮蔑の念を生じさせ、心が離れる結果になってしまうことさえあるかもしれない。リーダーたるもの、そこまでよく考えて、ふだんからの発言や態度に気をつけたいものである。

憤の一字、これ進学の機関なり。舜（しゅん）何人ぞや、我何人ぞや、まさにこれ憤。

――『手抄言志録・五』

◉発憤する。この「憤」の一字こそが学問の原動力である。孔子の高弟である顔淵が「かつて聖人とあがめられた舜がどれほどの人物だというのだ。私も同じ人間だ。舜に負けない人物になってみせる」と言ったのは、まさしく「憤」の体現である。

「発憤する」の「憤」の一文字こそが、仕事のスタートに欠かせない大きな原動力である。つまりは「よし！　俺がやってやるぞ！」という強い気概がなければ、どんな仕事も始まらないというわけだ。

かつて、孔子の弟子だった顔淵はこう言った。「古の聖人と伝えられる舜が、どれほどの存在だったというのですか。舜も人間、私も人間です。私だって努力すれば舜と同じほどになれます」と。そして顔淵は、努力に努力を重ねて、孔子最高の弟子の一人と認められるほどの学者になった。

この顔淵の気概こそ、まさに「憤」の一文字である。

どんなに難しいプロジェクトであっても、リーダーたるもの、まずは「憤」の気概から第一歩を歩むべきだ。

※

難しいプロジェクトを任された時「いや、とても私にはできません……」などと始めから気弱な態度でいては、誰からの信頼も得られず、誰も付いてきてはくれない。「気弱」と「謙虚」はまったく別のものである。とにもかくにも、仕事のスタートを勢いづけるのは「よし！　俺がやってやるぞ！」というリーダーの力強い気概である。

眼を着くること高ければ、則ち理を見ること岐せず。

――『手抄言志録・六』

●眼の付けどころが高いと、物事の道理がよく見える。

プロジェクトの到着点はどうあるべきか。そこまでの道のりがどれほど果てしなく遠くに感じられても、ちょうど鳥が大空から広い大地を見下ろすように、その道筋を明確にイメージすることが肝要だ。

リーダーが、常にそうした「高い着眼点」からのイメージを持っていれば、どんな想定外の事態やトラブルに見舞われても、その場その時の正しい修正法が見えてくる。

※

仕事とは、確かに一つ一つの段階を積むことが大切である。しかし、仕事の最終的なゴール地点があいまいなままだと、小さな段階を重ねていくうちにどこかでつまずき、道を逸らしてしまう。

リーダーには「仕事のゴールのイメージ」を常に念頭に置いて、その時その場に合った「ゴールに向かう指示」を与える心構えが必要だ。

士は独立自信を貴ぶ。熱に寄り炎に付くの念、起こすべからず。

――『手抄言志録・九』

◉本当に立派な人間は、独立心を持ち、自分に強い自信を持っている。だから、時の権力者や羽振りの良い金持ちなどに、媚び諂わない。

リーダーたるもの、自らを信じ、他人に媚び諂わない独立心を持つことが、第一である。

虫は、熱に引き込まれ炎の中に飛び込んで、わけもわからず死んでしまう。上からの的外れな叱責におびえて、やたら媚を売ってその場を取り繕ったり、他人の口車に乗せられてまんまと騙されたりするのは、まさに「愚かな虫の真似事」にすぎない。そんなことを重ねていては、結局は仕事の成功にたどり着けない。

※

ここで述べている「独立自信」とは、決して「傲慢、自分勝手」という意味とは違う。冷静な判断力に則った独立心である。

上にやたらと媚び諂ったり、「人間関係を壊したくないから」などといった理由で本心では納得できないのに相手の言うことを聞くというのは、立派なリーダーの態度とは、とても言えないだろう。そんな態度を重ねるリーダーを、部下はどんなふうに見るだろうか。

止むことを得ざるの勢いに動けば、則ち動いて括せず。

――『手抄言志録・一二』

●自然の勢いを見極めた上で、自分なりの最上の策を実行すれば、妨げるものはない。

仕事で次の段階を踏む時に、安易な妥協や適当な判断で方向を決めると、その場は何とか取り繕えても後で必ず大きなミスにつながる。

どんなに軽い判断で済むように見える事態でも、徹底的に考え抜くべきだ。そして、あらゆる選択肢を十分に検討して、「これが最上の選択肢だ」との結論を得られたら、勢いよく次の段階に進むべきである。そうした繰り返しを踏んでいけば、仕事の進みが大きくずれたり失敗することはない。

※

仕事を進める上で「さて、次はどう動くか」と判断を迫られることは、常にある。そうした時「マァこんなもので何とかなるだろう」とリーダーが安易に決めると、たいていは後悔することになる。そうなってから「ああ。あの時こうしておけば良かったんだ」といくら悔やんでも、後の祭り。生じたタイムロスや失った信頼を取り返すには、相当の労力を必要とする。

そうなることに比べれば、多少時間がかかってもジックリ次の段階を練って、チャンスと見たら即行動を起こす態度こそ、長い目で見て、仕事に大きなプラスだろう。

急迫は事を敗る。
寧耐（ねいたい）は事を成す。

――『手抄言志録・一四』

◉焦って行動を起こすと、きっと失敗する。チャンスをじっと待って行動に移せば、きっと成功する。

仕事にスピードは大事だが、程よいスピードというものがある。それがわかっていないと、ただ焦り、急ぎすぎて失敗する。

リーダーたるもの、急ぎの時にも落ち着いた心を忘れず、「機が熟する」のをじっくり見極められたら、そこで一気に進めるのが良い。

※

仕事にはタイミングというものがある。交渉相手の状況、こちらのチームの勢い、人間関係の機微……。そうしたあらゆる要素が交錯し、いつかそれらがもっともうまく合致した時、「今だ！」といった絶好の転機が訪れる。

それを見極められず、ただやみくもに仕事のスピードばかりに気を取られているリーダーは、たいていチャンスを逃すものである。

一部の歴史、皆形迹を伝えて、情実あるいは伝わらず。史を読む者は、すべからく形迹について以て情実を討ね出すことを要すべし。

——『手抄言志録・一八』

◉一部の歴史書は、人物や出来事の表面上の記録だけを伝えて、その奥に潜む心を伝えていない。歴史書を読む時は、そうした奥の部分を読み取るようにしなければならない。

過去のデータは、過去の数値はわかっても、その数値の「裏に隠されたさまざまな現実」までは伝え切れない。

新しい計画に挑む時、過去のデータ、あるいは部下の過去の業績を調べるのは、確かに大切なことだろう。だが、それら表面に見える数値だけで判断を下すのは誤りだ。数値の事情すなわち「なぜ、こうした数値になったのか」といった「見えにくい事実」をも、良いリーダーなら読み取らなければならない。

※

「前回、同じようなプロジェクトを進めて業績が振るわなかったから、今回もダメに決まっている」といった資料の大雑把な判断から、新たなチャレンジをせず、みすみすチャンスを逃す場合がある。

仕事というのは、時流の流れに乗ることも必要だし、あるいは、表面に現れていない「潜在的なニーズ」が徐々に育っている場合もある。

また、過去に失敗した部下でも、次には別の方向からアプローチさせれば、意外な手腕を発揮することもあるだろう。

そうした「可能性」は、過去の数値データからだけでは、簡単に見えてこないものだ。

博聞強記は聡明の横なり。精義神に入るは聡明の堅なり。

――『手抄言志録・一九』

●知識が豊富なことは「聡明さ」の横軸である。天の正義を理解して、その道に進むことは「聡明さ」の縦軸である。

市場の状況からスタッフのモチベーションにいたるまで仕事に関するあらゆる情報を収集し、それらをよく分析し、その結果を的確に活かして仕事を成功に導く――といったスキルは、リーダーの聡明さ、優秀さを示す「横の軸」である。

だが、リーダーたるもの、それだけでは不足だ。

人の情けをよく理解して弱いものには同情し、扱っている仕事がいかに「正義」に則っているかどうかを、常に肝に銘じる。そうした心構えこそが、本当の聡明さを示す「縦の軸」である。

横と縦。この二つの軸が交わったリーダーこそ、多くの人に信頼され、大きな仕事の成功につなげられるのだ。

※

自分のことを優れていると自負している者はたいてい、そのスキルは確かでも、どこか傲慢である。「相手が自分をどう思っているか」といった自分への心証にまで気が回らない。

しかし仕事というのは、他者との共同作業である。平たく言ってしまえば、相手や部下に「仕事はできるがイヤな奴だ」などと思われてしまっては、事はうまく運ばない。リーダーなら「横と縦」の軸がバランスよく整っているか、自分を常に見直すべきだろう。

我が身は天物なり。死生の権は天にあり、まさに之を順受すべし。

――『手抄言志録・二〇』

◉人生とは、天が与えてくれたものである。だから「生き死に」を決める権利は天にある。天が決める運命を、人は素直に受け入れるべきである。

生きとし生けるものの運命は、天から与えられたものだ。死ぬも生きるも天が決めるものだ——といった「運命を受け入れる開き直り」もまた、リーダーに必要な心構えの一つである。

なぜなら、仕事がどうしようもなく行き詰まった時、これ以上の作業進行はかえって損に損を重ねるとわかった時、「これも一つの運命だ」と受け入れ、スパッと気持ちを切り替えることができるからだ。それができてこそ「次こそは！」といった勇気もわいてくる。

※

仕事の計画が当初の思惑どおりに順調に進んで、何一つトラブルなく無事に完成に漕ぎ着ける——といったことが、常にあるわけはない。いや、むしろそんなケースは希だろう。

仕事の途中で「あ。これはダメだ」と気づいたなら、きっぱりと撤退を決断するのも、リーダーの責務である。自分の面子や体面、そして「せっかくここまでやったのだから……」といった未練で強引に仕事を続けるのは、損を大きくするだけにすぎない。

信を人に取るは難し。人は口を信ぜずして身を信ず。身を信ぜずして心を信ず。これを以て難し。

――『手抄言志録・二八』

●本当の信頼を得ることは難しい。他人は、こちらがいくらうまいことを言ってもすぐには信じず、こちらの行動を見極める。さらには、行動に秘められたこちらの「邪でない心」を読み取って、初めて信じてくれる。だから、本当の信頼とは容易に得られないのだ。

仕事がチーム作業である以上、リーダーに必要なのは何と言っても「信用」である。

しかし本当の信用を得ることは、簡単ではない。いくらその場その時限りの口先三寸で「うまいこと」を言っても、そんな言葉で人は信用してくれない。人は言葉よりも、ふだんのこちらの態度や行動で判断する。いや、もっと深く言えば、人は、態度や行動の裏に隠された「こちらの本心」というものを意外ときっちり見抜いているものだ。

長い時間とともに働く部下たちからの信用を得るということは、リーダーにとって、もっとも重要で難しいことの一つなのである。

※

この世には、口先三寸だけで世渡りをしている下衆な人間もいる。だが、そんな輩がやっていることは「仕事」ではなく「詐欺」である。仕事とは、他者に本当に信用される人間だけが行えることなのだ。

臨時の信は、功を平日に重ぬればなり。平日の信は、効を臨時に収むべし。

――『手抄言志録・二九』

●突発的な出来事をうまく収めて得られた信頼とは、実は「ふだんからの心の準備」の結果である。だから、ふだんから信頼されている人間は、突発的事態をうまく収めるものである。

ふだんあまり目立たない部下が何かのきっかけで意外な力を発揮して、「ほぉ。意外とやるなぁ」と感心することがある。

しかし、それは、じつは、「意外」でもなんでもなくて、もともとその部下が、それだけの力量を備えていたのである。

部下の力量というのは、発揮するチャンスがないとなかなか見えてこないものもあれば、ふだんから目に見えているものもある。リーダーたるものの、どちらも見落とさず、ふだんから部下に接していたいものである。

※

仕事というものは、突発的なトラブル、想定外の事故、交渉相手との意外な関係のこじれなど、さまざまなケースの問題が発生するものだ。

そんな時、リーダー自らが解決に動くのは当たり前として、それをうまくサポートしてくれる部下や、こちらの思いもよらない方法で解決してくれる部下が現れたりする。リーダーたるもの、「自分が、自分が」とやたら我を張らず、困った時には周囲に協力を仰ぐのも大切だろう。そうすれば、意外と問題にうまく対処できるものだ。

信、上下に孚（ふ）す。
天下甚（はなは）だ処し難き事無し。

――『手抄言志録・三〇』

●上下関係の中で互いに信頼し合っていれば、解決できない問題は起こらない。

ふだん上からも下からも信用されるよう努力して、常に言動に気をつけていれば、いざという時に「あなたのためなら力になりますよ」と頼もしい声をかけてくれる心強い助っ人が、一人や二人は現れてくれるものだ。

ふだんの信用あってこそ、難しい問題にぶつかった時も何とかできるものである。

※

信用というのは、一朝一夕で手に入るものではない。たとえば、新しいプロジェクトリーダーに選ばれ、新しい部下、新しいチームと組んで仕事に臨む時、最初から「リーダー風」を吹かせてチームを思いどおりにしようとしても、うまくはいかない。それどころか反発さえ買うだろう。

仕事の成功への第一歩は、まず信用を得るため周囲に誠実に接することである。

君に仕えて忠ならざるは
孝に非ざるなり。
戦陣に勇なきは
孝に非ざるなり。

——『手抄言志録・三六』

◉主君に忠義を尽くさない者は、きっと親孝行ではない。戦場で臆病な者も、きっと親孝行ではない。

人間には、フォーマルの時間つまり「公の場で仕事に取り組む時間」と、プライベートの時間つまり「家庭や友人とともに過ごす時間」がある。一言で言えば、前者が「忠」で後者が「孝」である。

そして、仕事を懸命に努められない者は、プライベートでも愚かな者である。さらに、仕事上で突発的な事態に遭って、たじろぎ逃げ出すような者もまた、プライベートでも愚かな者である。

要は、仕事相手や職場のチームも、家族や友達も、同じく大切にするべき人々なのだ。どんな人間にも、同じように誠実な態度で接せられない人間は、社会からも家族からも信頼を失うのだ。

※

ここで言う「忠」と「孝」のバランスをうまく取って生きることは、なかなか難しいかもしれない。ある人は、仕事ばかりに熱心で家庭を省みない「仕事人間」であり、またある人は、家族サービスには力を入れるものの仕事をなおざりにするタイプであったりする。

しかし、いずれにせよどちらかに片寄る人間は「周囲のすべての人々」の信頼は得られない。結果として、人生も片寄ったものとなってしまう。
リーダーたるもの、「忠」と「孝」をバランスよく生きる姿を部下たちに見せて、周囲に範を示したいものである。

民の義に因って以てこれを激し、
民の欲に因って以て
これを走らさば、
則ち民その生を忘れて
その死を致さん。
これ以て一戦すべし。

――『手抄言志録・三三』

●民が信じる正義を理解して、これを励ましてやり、民が欲しているものを知って、これを与えてやれば、いざ戦争という時、民は立派な兵士となって死を恐れず戦ってくれる。こうして国が一丸となって戦えば、勝利を得られる。

リーダーは、チーム皆の本当の気持ちを、よく汲み取らなければならない。

皆が何を目指し何を「正しい」と信じているかを見極めて、「皆の信じる正義に向かって一緒にがんばろう！」という励ましの態度を示す。

そして、皆がその仕事の報酬として何をどれだけ望んでいるかを察し、できる限りその期待に応えられるよう努める。

そうした励ましと思いやりを持って一人一人の部下に接すれば、誰もが懸命に働き、チーム一丸となってプロジェクトの成功へと邁進できるのだ。

※

仕事はチームワークである。一人も欠けることなく皆がその仕事に「やりがい」を感じていなければ、成功しない。

やりがいとは、「その仕事が世の人々に役立ち、あるいは喜びを与えるすばらしいものだ」と思える自信。そして、「自分がその仕事に十分役立っているのだ」という充実感である。仕事の報酬とは本来、この「充実感」が形になったものだ。

部下たち皆の自信と充実感がいかほどのものか、リーダーがしっかり見極めてそれに応えてやろうという心構えがあれば、「成功するチーム」を生み出せる。

漸(ぜん)は必ず事を成し、恵(けい)は必ず人を懐づく。

――『手抄言志録・三四』

●仕事とは、必要な時間を十分にかけて行えばきっと成功するものである。信頼とは、ふだんから人々に不公平なく恩恵を与えていれば、得られるものである。

仕事をスピーディに片づけるのは、もちろん良いことである。しかし、いくら急いでもうまく行かない場合も、多々ある。現実は計画どおりに行かないのが常だ。

何しろ仕事というのは「人間同士」で行うものなのだから、時には誤解も生じるだろうし、交渉相手との感情的なぶつかり合いも起こりうるだろう。そうした時は、焦らずジックリと構えて、ていねいに修正を重ねていくことだ。そうすれば、いつかはきっと成功できる。これが「漸」の姿勢である。焦りは、決して成功へは導かない。

そして、相手が誰であれ「その人への思いやり」は、やはり形としてはっきり示すのが良い。これが「恵」である。何らかの報奨で示すのも良い。あるいは「今回はよくがんばってくれました。本当にありがとう」と深々と頭を下げるだけでも良い。そうした形ある姿勢こそが、部下にしろ交渉相手にしろ、他者の心にダイレクトに伝わるのだ。

※

この「漸」と「恵」もまた、リーダーに欠かせない条件である。いかに急ぎの仕事だとしても、かけるべき時間はきちんとかける。この心構えがないと、拙速に過ぎてミスを見逃し、後で取り返しのつかないことになる。

スケジュール進行しかり。人同士の相互理解しかり。「必要な時間」を見誤らないことが重要である。

ところで、この「恵」というものには、絶対に忘れてはいけない基本がある。それは、「純粋な誠意と感謝が根本になければいけない」ということだ。

自分個人への見返りを期待して「恵」もどきの態度を示すのは、所詮は媚び諂いの態度であり、もっと露骨に言うなら「収賄」に他ならない。そんな「ゆがんだ恵」が自らの身を滅ぼすことは、歴史の多くが証明している。

本当に優れたリーダーなら、この「恵」の意味を履き違えたりしないだろう。

慝情は慎密に似る。
柔媚は恭順に似る。
剛愎は自信に似る。
故に君子は、
似て非なるものを悪む。

——『手抄言志録・三五』

●感情を表に出したがらない者は、一見「慎み深い者」に似ている。上にやたらと媚を売る者は、一見「恭しく忠義ある者」に似ている。強情でわがままな者は、一見「自信にあふれた者」に、似ている。だから、本当に人の心を読み取れる君子は、こうした「似て非なる者」たちを見抜き、嫌う。

本心をひたすら隠して薄ら笑いを浮かべ、おべっかを使ってくる者が、とても奥ゆかしく慎み深い人間に見える場合がある。やたら素直で、ただ「はい、はい。ごもっともで」とこちらの言いなりになるだけの者が、とてもていねいで思いやり深い人間に見える場合がある。

傲慢でやたら自分勝手な意見を押し通そうとするわがまま者が、とても自信にあふれた頼もしい人間に見える場合がある。

しかし、それらは言うまでもなく、ただこちらが「騙されている」にすぎない。本当に優れたリーダーなら、これら「嘘つき」の本性を見抜けなければならない。

※

いわゆる「外面の良い人間」というものの中には、根は悪人でこちらを騙そうと虎視眈々（こしたんたん）企んで近づいてくる輩も、いる。

しかし実際、そんな悪人に出くわしても、ついついおだてられ、信用してしまうのが、人の弱さである。

個人的な軽い騙しで済む話なら「チクショー！　騙された！」と悔しがってオシマイという場合もあろう。が、こと問題がビジネスとなると、それだけでは済まされない。自分だけでなく周囲に多くの迷惑をかける。

リーダーたるもの、他人の本心を「疑う」ことも、時には必要なのである。

惻隠の心偏すれば、民或いは愛に溺れて身を落とす者有り。羞悪の心偏すれば、民或いは溝瀆に自経する者有り。

——『手抄言志録・五〇』

●民への哀れみも度が過ぎると、こちらに甘えるばかりになって、民が駄目になる。「失敗を恥じろ」と命じることも度が過ぎると、ドブ川で首を吊る民が出てしまう。

リーダーがふだん部下を大切にし、ミスをした時には諫めるのは、当然の務めである。だが、何事も度を過ぎると仕事に大きなマイナスを生じる。

部下をやたらと慈しみ、可愛がりすぎれば、その部下は甘えることが当たり前になって、一人前に育たなくなる。

ミスをした部下に、戒めのつもりであまりに厳しく叱責すると、その部下は辛さに耐え切れず、ドブ川で首をくくって自殺したくなるほどに追い詰められてしまうかもしれない。

大切にすることも諫めることも、相手の個性や心情をよく汲み取って、バランスよく当たれるのが、良いリーダーである。

※

リーダーたるもの、個人的な好き嫌いや一時の激情で部下に当たるのは、もちろん論外のことだ。が、自分なりに冷静に対応しているつもりであっても、部下によっては「甘やかしすぎた結果」となったり「厳しすぎた結果」となったりするものだ。

要するに、すべての部下、あらゆる部下に通じる「万能の対応法」のマニュアルなどないというわけである。

文王の暇あらざる、周公の座して以て旦（たん）を待つ。

――『手抄言志録・五二』

●文王は、夜も昼も暇さえあれば善政を考えていたので、暇など感じたことはなかった。周公は、夜に良い政策を思いつくや、夜明けを待って朝一番にそれを実行した。

物事は、刻々と進み変わっていく。ビジネスもまた、始めに頭に描いたシナリオどおりに進むわけはない。リーダーたるもの、それを肝に銘じ、太古の優れた王たちの心がけにも習うべきだろう。

かつて周の時代の文王は、夜も昼も政治の変化に対応すべく注意を怠らなかった。そして、その子である周公は、夜のあいだに政策のアイディアが浮かべば、朝を待ち構え、陽が昇るやすぐにそれを実行に移した。

このふだんの注意力とスピーディな対応が、彼らの善政の源だった。これはビジネスにも十分生きる教訓である。

※

状況の変化というものは、何気なくボーッと過ごしていると見逃すのが常である。そんなミスをしないためには、ひたすら常の状況把握に努めるしかない。

そして、状況の変化を察したら、すぐさまそれに対応した行動に移す。これまた、ふだんの気構えがあってこそできる芸当である。

ビジネスのチャンスをつかみ、それを生かすには、結局はふだんの努力でしかないということだ。

彼の徒に静養瞑座を事とするのみならば、則ちこの学脈と背馳す。

――『手抄言志録・五二』

●何ら実行せず、ただ静かに瞑想にふけるだけの学者は、我々が目指す学問の道と相反している。

人間、落ち着きが大事だという。しかし、ビジネスにおける落ち着きというものは、ただ「心を静かに保ってじっくり待ち構える」という意味ではないのだ。

刻々と変化する状況に対して、確かに焦りは禁物だ。しかし「焦るな、焦るな。じっと待っていれば、きっと良い風が吹いてくる」などと運に頼るだけの「待ちの姿勢」で、うまく事が運ぶわけはない。

「ただ静かに状況を見つめ続けるだけ」などという真似は、評論家にでも任せておけば良ろしい。現場に生きるビジネスリーダーは、常にアクティブに「先手を打つ」覚悟を持って、状況にスピーディに働きかけなければならない。

※

対応の鈍さや一歩を踏み出す勇気のなさを、「焦りは禁物だから……」などという言い訳で正当化しようとする人間がいる。しかしそんな態度は、所詮は臆病風に吹かれている人間の弁解にすぎない。

「焦らない」ことと「チャンスをスピーディに生かす」ことは一見、相反した姿勢のように見えて、じつは一体のものだ。ビジネスリーダーたるもの、いわばそんな「心の両輪」を常に心がけるべきだ。

自ら努めて息（や）まざる時候は、
心地光光明明なり。
何の妄念遊思（もうねんゆうし）有らん、
何の嬰累罣想（えいるいけいそう）有らん。

――『手抄言志録・五三』

◉何かに懸命に努力し続けている時は、心が目標に向かって明るく輝いている。だから、つまらない妄想や遊び心など起きないし、わずらわしい悩みなどは起きないものだ。

仕事に本気で必死に取り組んでいる時というのは、自然と充実感がみなぎって、他のことには目もくれず、懸命な努力を続けられるものである。

そんな時は、横道にそれるつまらない考えや「遊びたい、息抜きしたい」といった発想は、起こらないものだ。ましてや、「そう言えば、あれはどうなっただろう……」などといった、当面の仕事に関係ない妙な気がかりなど、起きないものだ。

逆に言えば、そういった発想や気がかりが仕事中にふと頭に浮かんでしまうというのは、それだけで「仕事に充実感が感じられていない」ということである。

部下がそういった状況になっていると気づいた時、良いリーダーとしては、ただ「もっと仕事に集中しろ！」などと頭ごなしに怒鳴りつけるばかりが、能ではない。

「部下に、妙な気がかりを起こさずに済むくらい仕事に充実感を感じさせるには、どう指導してやれば良いだろうか」と、まずは考えたいものである。

※

「仕事は集中するのが当たり前。集中できないのは、その部下に問題があるからだ」という主張は、確かにある意味で正論である。

しかし、正論だけを振りかざしても、人間そうそう思いどおりには動かない。「集中できないのは、その部下にとっては仕事が、懸命に取り組む気になれないものだから――かもしれない」「仕事の内容が部下の個性に合っていないから――かもしれない」といった違う方向性で考えてみてやるのも、意外と道が開けるきっかけとなるものである。

これもまた、良いリーダーが備えるべき素養の一つだろう。

警戒してこれを諭(さと)すは、
教の時なり。
身に行うてこれを率いるは、

教の本なり。

――『手抄言志録・二一二』

◉弟子の過ちを諭すには、タイミングをよく見計らわなければならない。そして、師自らの行動で弟子たちを引っ張ってやることが、教育の基本である。

部下への接し方として二つ、基本中の基本がある。

まずは、部下の仕事ぶりにいつも注意を払って、アドバイスや戒めを与えるのに絶好のタイミングというものを、確実にとらえること。

そして、自らが「仕事の矢面（やおもて）」に立って懸命に努める姿を見せ、自然と部下たちに「あれだけリーダーががんばっているのだから、俺たちもがんばろう」という気持ちを起こさせること。一言で言えば「自分がビジネスマンの見本になる」ということである。

何はともあれリーダーたるもの、この基本は、まず肝に銘じるべきことである。

※

仕事のことで部下に声をかけるタイミングというのは、結構難しい。

部下がつまずいて悩んでいる時、頭ごなしに「しっかりしろ！」などと怒鳴るのは、まったくの逆効果である。そうした時は「ならば、こうすればどうだ」といった自分なりのアドバイスを送り、それをきっかけに部下と話し合いのチャンスをつかめば、だいたい良い結果につながる。

逆に、本来「しっかりしろ！」と戒めるべき時、「きつく叱るのは良くない」などと考えて放任しておくと、その部下の仕事がますます停滞することも多い。早い話、何も言われないのを良いことにサボるのである。そうした時にはタイミングを見計らって「喝を入れる」ことも、大切だろう。

ただ、いずれにしろ重要なのは「感情的にならない」ことである。アドバイスも戒めも、冷静な判断力あってこそ、絶好のタイミングがつかめる。

言わずしてこれを化するは、教の神なり。抑えてこれを揚げ、激してこれを進ましむるは、教の権にして、しかして変なり。教もまた術多し。

――『手抄言志録・二三二』

◉言葉で注意せず自分の行動を見せるだけで弟子たちを正しく導ければ、教育の最上の形である。そして、時には厳しく叱りつけて正しい道をわからせ、時には誉め励まして正しい道に進ませるのも、ケースバイケースの教育法である。このように教育とはさまざまなやり方がある。

最高のリーダー像というものがある。

それは、こちらからアレコレいわなくとも部下たちが自分のやるべき仕事に懸命に努め、ごく自然にチームが一丸となってプロジェクトに突き進む――そんなチームを作り上げるリーダーである。ここまで到達したら、まさしく「ビジネスリーダーの神」とたとえても良いくらいだろう。

しかし、そうなるまでの道のりは遠い。いかに部下に接するのが良いか、ふだんの試行錯誤と努力を積み重ねばならない。

その努力を具体的に説明するなら、厳しく接するべき時には厳しく接し、誉めるべき時には誉め、励ますべき時には励ます。その時々に応じて、臨機応変に部下と接することである。

確かに「言うは易し。行うは難し」だ。が、「自分にはビジネスリーダーの神になるなど無理だ」などと始めからあきらめず、それを目指して日々精進する気持ちだけは、捨てたくないものである。

※

ここで「神」という語を使うのは一見、大げさのように見えるけれども、そんなことはないだろう。ここで目指そうとしているのは、まさしく「パーフェクトなビジネスリーダー」像である。「神」のたとえも悪くない。現実には、誰にでも到達できる境地ではないだろう。しかし、それを目指す心意気だけは、持っていたいものである。

閑想客感（かんそうきゃっかん）は、志の立たざるに由（よ）る。一志既に立てば、百邪退き、聴く。

——『手抄言志録・一三』

●暇潰しにどうでもいいことを考えたり、些細なことに心を動かされたりするのは、志がないからである。志をしっかり持っていれば、あらゆる邪念は吹き払われる。

部下が、仕事中にアレコレ脱線したり、どうでもよい些細なことに気が散るのは、仕事に対する「志」つまり「この仕事は重要だ。しっかり仕上げなければ！」といった「明確な仕事の意義」が見えていないからである。いや。「見えていない」というより「与えてもらっていない」と表わすべきだろう。

明確な意義が見えてさえいれば、「やらなければ！」という気持ちが先行する。気が散ることも、なくなる。部下に「こんな作業、何になるんだよ」といった猜疑心を持たせる仕事を与えるのは、リーダー失格である。

どんな小さな作業でも、それが何につながるか、明確な意義を部下にはっきり指し示すことが、リーダーの責務である。

※

部下に、ただ「とりあえずこれ、やっといて」と作業を命じるだけでは、部下が仕事に集中する気になれないのも、当然と言えば当然だろう。

自分の作業が何につながるのか。それをやればどうなるのか――といった「具体的なイメージ」を持たせてもらえなくては、「俺は何をやらされているんだ?」という疑念が起こり、したがって、やる気にもつながらない。

この作業をすることで次にこういうステップにつながる。そしてその先に、こうした仕事の仕上がりがある——という「具体的な共通認識」をすべての部下に持たせることは、良いチームを生み出す秘訣である。

欲に公私有り。情識の条理に通ずるを公と為す。条理の情識に滞るを私と為す。

——『手抄言志録・二四』

●欲望には「公の欲」と「私の欲」がある。感情が正義に適っている欲は「公の欲」であり、正義が感情に曇らされている欲は「私の欲」である。

人間誰しも、欲のあるのが当然である。「プロジェクトを達成させたい」「成功の栄誉を得たい」「仕事に見合った報酬が欲しい」というのも、ビジネスマンなら誰もが胸に描く欲である。この欲にリーダーも部下も関係ない。当たり前の話である。

しかしビジネスにあっては、持って当たり前の欲にも、二種類がある。一つは「持つべき正しい欲」で、もう一つは「持ってはいけない誤った欲」である。前者を「公の欲」と呼び、後者を「私の欲」と呼ぶ。

「公の欲」とは、欲の感情が理性につながっている欲だ。

つまり「成功したい。成功が欲しい」といった自分の欲を、自分の理性できちんと見つめ、「だったら成功のために何をどうすれば良いか」という冷静な判断ができる——という欲である。

「私の欲」とは、この逆である。

ただただ「成功が欲しい」と、やみくもに思い続けるだけで、その欲に心が支配され、理性が働かなくなる。とどのつまりは「ああ。どうしたら良いのか、まったくわからん!」といった、むやみな焦りや失望感につながってしまう。頭の中が悪いイメージでグルグル回って、負のスパイラルに陥ってしまう。

リーダーたるもの、仕事に欲を持つのは大いに結構である。しかしそれは、常に「公の欲」でなければならない。

※

――とは言われても、仕事上「私の欲」に襲われてしまうことも、多々あろう。とくに独りで仕事を抱え込んでいる者は、ちょっとしたつまずきで「私の欲」に陥りやすい。

こうした時、その「私の欲」を「公の欲」に切り替えてくれるのが、チームや仲間の励ましではなかろうか。この励まし合いには、リーダーも部下も関係ない。

人は宜しく居って安んじ、玩んで楽しむべし。もしこれを趨避せば、達者の見にあらず。

——『手抄言志録・一二五』

●人は、天に与えられた境遇を安らかな気持ちで受け入れ、その中で楽しみを見つけ出すべきである。その境遇から逃げ出そうとばかりするならば、それは「人生の達人」とは呼べない。

「待遇や職場環境には、すっかり満足しています」などと言えるビジネスマンは、ごく希だろう。今この時代だからではなく、いつの世もそうしたものである。

だからと言って、待遇や環境を一朝一夕で変えられるものではない。良い職場、納得できる職場、満足できる職場を作るには、コツコツとした小さな努力の積み重ねが必要だ。

「あきらめ」と「悟り」という語は、意味が似ているようでまったく違う。「あきらめ」は「どうせ、もうダメだ」と未来への希望をすっかり失った状態である。しかし「悟り」とは「今はとりあえず現状に耐えよう。けれど少しずつでも未来を良くしていこう」という「冷静な前向き」の姿勢である。

どんなに不満な仕事や職場であっても、心がけたいのは、この「悟り」の精神だろう。さらに言うなら、その仕事なり職場なりに「それなりの楽しみと安らぎ」を見出せれば、なお結構である。

そうした心のゆとりが、悟りをより豊かなものとし、明るい未来に少しずつでも近づけるエネルギーになる。

いずれにせよ、「不満だ、不満だ」とただ苛つきをぶちまけて、仕事を放り出したり職場から逃げてしまうのは、一人前のビジネスマンのやることではない。

※

「現状に満足せよ」とは、よく聞かされる教訓である。しかし、不満なものは不満なのだ。それを、無理矢理に「満足の振り」をしてストレスを溜めることが、良い成果に結びつくわけがない。

不満の現状打破には、満足を目指して焦らず一歩一歩努めることである。しかし、そこで自らの歩みのノロさにイライラして、果てに爆発しては、意味がない。その小さな歩みの中にも、何か小さな安らぎを見出す努力を、同時にしなければならない。

まずはリーダーが、そうした心構えの範を示すことだろう。そうしていくうち「狭いながらも楽しい我が家」ならぬ「辛いながらも楽しい職場」というものを生み出せるかもしれない。

その篤実よりこれを行と言い、その精明よりこれを知と言う。知と行は一の思の字に帰す。

――『手抄言志録・二六』

◉深く考え「これが正義だ」という結論に達したら、即行動に移す。これが「行」である。その「行」の中で、それが「やはり正義だった」と確信できたら、これを「知」という。だから「知」と「行」はつながっており、「思」の一文字で表わせる。

一つのアイディアをとことん突き詰めて、「よし！　これで行こう！」とはっきりしたビジョンを決めたら、すぐに行動に出る。それが、本当の

「行」すなわち「本当の行動」である。

その行動の中で、新たなアイディア、より良いやり方の発見をするのが、本当の「知」すなわち「本当のビジネス思考」である。

要するに、行動と思考は決して別ものではない。ともに、ビジネスに懸命に取り組む心得の産物なのだ。

※

やみくもにその場の思いつきだけで動き回り、それで「俺は働いている」と得意気に吹聴する者。その逆に「じっくり考えるのが得策だ」などとうそぶき、なかなか腰を上げようとしない者。いずれも、ビジネスマンとして失格だろう。

行動と思考は、二つで一つ。考えたら即行動。行動中に新しい考えが浮かんだら、それを十分に吟味する。そして、吟味した考えを次の行動に移す——と、行動と思考は、良いスパイラルを生み出し、ビジネスの成功へと導いていってくれる。

この姿勢もまた、やはりリーダーが範を示したい態度である。

晦（かい）に居る者は能く顕を見る。顕に拠（よ）る者は晦を見ず。

――『手抄言志録・二七』

◉暗い所にいる者からは、明るい所がよく見える。しかし明るい所にいる者は、暗い所が見えない。

暗い所にいる者には、明るい所にいる相手が見える。しかし、明るい所にいる者からは、暗い所にいる相手は見えない。

これは、単純な光の明暗の話ではない。

暗い所、つまり「縁の下の力持ち」的な仕事に地道に取り組み続け、なかなか目立たない人間には、ビジネスの第一線で華やかに活動している者の姿が、むしろよく見える。毎日を得意気に走り回っている者の、過剰な自信から生まれる「足下の危うさ」というものが、よく見える。

けれど、第一線でバリバリやっているつもりの人間は、地道な仕事を通して自分を支えてくれている人たちがいることに、気づかない。自分は自分独りだけの実力で仕事ができていると、傲慢な考えを持ちがちである。

リーダーたるもの、こうした両者の橋渡し役にならなければならない。

華やかな場に立っている者も、目立たず地道に努めている者も、互いに仲間なのだということに、気づかせてやらねばならない。

そして両者が互いに理解し合い、いたわり合うことを知った時、プロジェクトは危うげなく、順調に進んでいくだろう。

※

チームというのは、多くの人間で成り立つ。第一線に立つ者も、それを後ろから支える者も、なくてはならない存在である。

しかし第一線に立つ者は、自分の「後方支援」をしてくれる仲間に、なかなか目が行かないものである。こうした時こそ「リーダーの出番」だろう。両者を取り持ち、チーム全体の信密度が増すように事を運ぶのが、リーダーの大切な仕事の一つである。

聖賢の講説して、これを身にする能わず。之を口頭聖賢と言う。

――『手抄言志録・四三』

●聖人や賢人の説明を述べておきながら、実行が伴わない。そんな人間を「口先だけの聖人・賢人」という。

「ビジネスマンとはどうあるべきか」などと、ふだん偉そうにとても立派な講釈をしておきながら、どう見ても自分自身ではそれを実行せず、ただ机の前でふん反り返っているだけのリーダーほど、タチの悪いものはない。まさしく「口先だけのリーダー」で、そんな人間に付いていく部下がいるわけがない。

※

昔気質の職人世界などでは「師匠の背中を見て育て」「技術は教えられるのではなく盗め」などと言われる。が、複雑な人間関係の入り混じったビジネス世界では、それで済むわけにも行くまい。リーダーは、言葉と行動ともに合わせて部下を導くのが役目である。

もっとも、言葉とは理想である。だから現実には、リーダー自身もまた、その理想には追いつけていないことも多々ある。

けれどリーダーたるもの、自分で語った言葉、かかげた理想には、自ら率先して「近づく努力」を部下に示すべきだ。自分は何もせず、ただ部下にだけそれを強要する「口先リーダー」では、誰も付いてこない。

ましてや、酒の席などで、自分ではちっとも実行しない理想を振りかざして得意満面になっているリーダーなどは、最悪である。

学、必ずこれを身に学び、問、必ずこれを心に問うは、それ幾人有らんか。

——『手抄言志録・四四』

◉「学ぶ」とは、知ったことを身を以て実行することであり、「問う」とは、他人にやたら聞くのではなく、自分の心に問いかけて反省することである。しかし、この真実をどれだけの人が理解しているだろうか。

部下は仕事を教わって学び、わからないところは問うて、解答をもらう。リーダーは部下に仕事を教え学ばせ、部下の問いには、ちゃんと答えてやる——というのが、リーダーと部下の「始まりの姿」だろう。

しかし「始まりは、所詮は始まり」である。そこで立ち止まっていては、部下は、リーダーに「何でも教わり守られる」のが、当たり前になってくる。本当の意味で独立したビジネスマンになれなくなる。

ビジネスを「学ぶ」ということは、自らが現場に出て試行錯誤し、失敗も成功もして、経験を積んで、そこからビジネスを知るということだ。

ビジネスを「問う」ということは、「どうすればうまく行くだろうか。何をするべきだろうか」と自分自身で考える。つまり「自分に問う」ということだ。

この「学」と「問」の本当の意味を理解できているビジネスマンが、はたしてどれだけいることだろう。リーダーたるもの、自分の部下にはその真実をいち早く理解させてやるべきだ。

※

やたらと「教えてもらいたがる」若い部下がいる。すると、ついつい情にほだされ、あるいは、シビアな意味で「部下の成長など二の次だ」とばかりに、事細かに仕事を指示してやるリーダーがいる。

確かに、はたしてそれが、理想的なリーダーと部下の姿だろうか。

が、ビジネスの世界は学校ではない。「部下を一人前に育てる」ことは、シビアに言ってしまえば、リーダーの第一の仕事ではない。

けれど、ビジネスにはチームワークが何よりだ。そしてそれは、あくまでも「心情的に独立できている人間同士の助け合い」でなくてはならない。部下にそれをわからせるのも、リーダーの一つの責務ではないか。

天を以て得たるものは固し。人を以て得たるものは脆し。

――『手抄言志録・四五』

◉天の正義をしっかり理解している者は、何があっても動じない。しかし、世間の情報だけを追っている者は、心が脆く、些細なことですぐ動揺する。

自分自身で悩み考え、自分のビジネス観を確立できた者は、どんな難問にぶつかっても、自分の信念に則って堂々と仕事に向き合える。

しかし、他人に教えられたやり方を、ただ言われるがままに日々繰り返しているだけの人間は、ちょっとしたトラブルに出くわしただけでダメになり、不恰好に他人に泣きつく。

※

何事も、頑固すぎるのは困りモノである。だが、それでも「これが俺のビジネスだ」という信念を持っている者は、やはり頼もしい。

部下に自分の信念を押しつけるばかりでは考えものだが、その信念を部下に理解してもらい、部下が一緒にがんばってくれるなら、これほど頼もしいプロジェクトチームはないだろう。

君子は自ら努め、小人は則ち自ら棄つ。

――『手抄言志録・四六』

◉君子は、自らの失敗や恥を謙虚に受けとめて反省するが、小人は失敗すると、すぐに自暴自棄になる。

いっさい失敗しない完璧なリーダーなど、そうそういるわけはない。だが完璧でなくとも「優れたリーダー」と「愚かなリーダー」との差はある。

優れたリーダーは、失敗すればすぐにそれを反省し教訓にして、次には成功へと近づく。部下にも、自らの失敗を素直に認め、頭を下げるべき場面ではきちんと頭を下げる。

愚かなリーダーは、一度失敗するや、すぐに自暴自棄になる。「こんな仕事、始めっから無理な話なんだよ！」などとヒステリックにわめき、挙げ句は仕事を放り出す。そして部下に、その尻拭いを押しつける。

その差たるや、歴然たるものである。

※

失敗は、誰にも付きものである。どんな百戦錬磨のベテランリーダーでも、失敗する時は失敗する。

そこで、謙虚にその失敗を受け入れられるか。それとも、面子や過剰な自信からそれを受け入れられず、現実逃避したり、どこかへ責任転嫁しようとするか。

リーダーとしての「器の大きさ」が試される場面だろう。

宜しく自ら能く闇室（あんしつ）を欺かざるか否や
能く衾影（きんえい）に恥じざるか否や、
能く安穏快楽を得るや否やと、
問うべし。
時々かくの如くすれば、
心すなわち放たず。

――『手抄言志録・四七』

●誰にも見られていないからといって、やましいことをしていないか。自分の本心に恥じることをしていないか。本心から安らかで快いことが、できているか。と、自問自答するのが良い。時々そうした自問自答をする習慣を身に付けていれば、正義の心が失われることはない。

毎日忙しく働いているビジネスマンは、「自分を見つめ直す」時間を、なかなか作れない。だから、自分を客観視して反省すべき点を見出す時間を作ることは、意識してすべきことである。

人目に付かなかったからといって、犯したミスを知らん顔して隠そうとしたことは、ないだろうか。

周りに誰もいないからといって、ダラシなく過ごしたり、堂々とサボッたりしたことは、ないだろうか。

一日の終わりを振り返って、「ああしておけば良かった。こうしておいたほうが良かった」などと後悔にさいなまれず、心穏やかに一日を終えることができているかどうか。

毎日毎晩でなくても良い。時折こうしてじっくり自分を振り返る機会を持てば、自然自然と心が引き締まるようになり、良い仕事ができるようになる。

※

自らを積極的に反省する「自省」の時間は、夜寝る前や、仕事の区切りが

付いた時などに行うのが、良い。

もちろん「反省したが、俺は完璧だった。何の問題もなかった」と堂々言えれば、それはそれで結構である。が、人間そううまく行くまい。

反省の中で「ああ、あれはマズかったなぁ」と気づけば、「次からは気をつけよう」という気になり、それで一つ自分を進歩させたことになる。

とくに仕事中に人目のない場所でみっともない行動を取ることがヘタに習慣付いてしまうと、いつかは必ず誰かに見られて、自分の株を一気に落とす。そうならないためにも、自省の時間を時々取ることは大事である。

ことに、リーダーにとっては「周囲の信頼」が何よりの財産である。ゆめゆめ、そんなことにならないよう自省の時間を意識して取るべきだろう。

寛懐俗情に逆らわざるは、和なり。立脚俗情に堕ちざるは、介なり。

——『手抄言志録・四九』

◉寛大な心で、俗世間に無理矢理逆らわないのが「和の心」である。それでいて、自分の信念はしっかり持っており、そこからはみ出さないのが、節度ある心「介」である。

心を穏やかに保ってキリキリと無用の緊張感を持たない人間は、世間の話題や仲間との付き合いも毛嫌いせず、それらに愉快に参加できる。これが「和」の精神である。

それでいて、自分の信念をしっかり持っている人は、いくら楽しんでも一線を超えることなく、世間の俗事にドップリ身をつからせて仕事をなおざりにすることもない。これが「介」である。

ちなみに「介」とは、「仲介」「紹介」といった言葉からもわかるとおり、「うまく間を取り持つ」という意味だ。仲間との楽しみの中で、互いの気持ちをよく理解してやり、場を盛り上げてやる。それでいて、自分は冷静さを失わない——というニュアンスである。

この「和」と「介」の精神は、ぜひともリーダーに備えていてもらいたいものだ。要するに「程よい堅さ」と「程よい柔和さ」。そして「程よい冷静さ」である。これが揃っていれば、どんな部下でも付いてきてくれるだろう。

※

ここで言う「和」と「介」の精神は、合わせて称するなら、やはり「人間関係のバランス感覚」と言えるだろう。

堅苦しすぎて近寄り難いリーダーは、部下に敬遠される。逆に、お気楽すぎて頼りなく見えるリーダーは、部下から本当の信頼を得られない。いずれも「ほどほどの重み」が必要ということである。

知はこれ行の主宰なり、乾道なり。行はこれ知の流行なり、根道なり。合して以て体躯を成す。則ち知行はこれ二にして一、一にして二なり。

――『手抄言志録・三八』

◉「知」は、行動を司る主体であり「天の道」である。「行」は、「知」によって「外に示された行動」だから「実現された道」である。この「知」と「行」が合わさって、人間というものを形作っている。だから「知行」は二つにして一つ。一つにして二つである。

物事を知れば、知ったことに沿って行動する。だから「知る」は「行う」の根本である。

行動するというのは、「知ったからには動かなければ！」といった情熱があふれ出て、動くことである。だから「行う」は、「知る」が外に向かって形となったものである。

したがって「知ること」と「行うこと」はセットなのだ。

ただ知識やデータを集めるだけでそれを行動に生かせないのでは、このセットの意味を成さない。

逆に、知識もデータも無しで勢いだけで動き出すのも、このセットの意味を壊す。

これはまさにビジネスの真髄の一つだろう。知識やデータは、あくまでもビジネスの行動のためのもの。それらを溜め込んでいるだけで、何ら行動に生かさないのは、まったく無意味である。

ビジネスでは、ややもするとこのセットの意味を忘れ、データ集め、情報集めそのものが目的になってしまうことがあるから、ゆめゆめそうならないよう注意することだ。

※

情報集めやデータ集めというのは、いざやり出すと、楽しい人には楽しいもので、そこにやたらと労力を費やすビジネスマンがいる。しかし、それが「実際の作業には無用のもの」まで集めているようでは、これは「仕事をしている」とは言えない。あえて言うなら「給料もらって趣味に走っている」ようなものである。

リーダーたるもの、そうした人間には十分な注意を与えてやらねばならない。無論、その注意をするためには、リーダー自身に「実際の仕事にどれだけの情報が必要か」という明確な認識が必要ではあるが。

まさに心を以て無字の書を読むべし、すなわち洞して自得するところ有らん。

——『手抄言志録・三九』

●書物を読む時は、表面に書かれている言葉をただ追うのではなく、行間に隠された「真実の内容」を読み解くべきだ。そういう読書ができれば、すっきりと正しく内容が理解でき、自らの心の糧にできる。

資料、企画書、報告書……。ビジネスリーダーは、あらゆる書類に目を通さなければならない。だが、それらの上っ面に目を通すだけで、書いてある文字をただ追っているだけでは、「本当に書類を読んでいる」ことにはならない。

書類には、それを作成した人間の思い、思惑、その内容によって訴えようとしている情熱というものが、込められている。

リーダーが書類を読むとは、そうした「表面には現れていない思惑や情熱」を読み解くということである。

その書類の作成者が、仕事に対しどんな目標や理想を込めて書いたのか。それを感じ取ってやることである。

そうすれば、一枚の書類からも新たな発見や可能性が見えてくる。そして、それを見抜いてくれたリーダーに、書類を作成した部下は「ああ。わかってもらえた」と感激し、ますます仕事への精進を重ねるだろう。

※

ビジネスの書類というのは基本的に、客観的なデータや分析を示すものだから、そこに「人の情熱」というものは、なかなか見出しにくい。しかし、それが「人間の作ったもの」である以上、きっとそこには、作成者の思いが込められているはずである。

書類に目を通すことで「ああ。これを作った者は、こんなビジョンや可能性を考えているのか」とイメージを膨らます。それができれば、意外なプロジェクトの好転をも、生み出せるかもしれない。

もっとも、何の情熱も思惑も込めず、ただ言われたままに数字を羅列しただけの「やっつけ仕事の書類」では、そんな展開は望むべくもないが。

為す無くして為す有る、これを「誠」と言う。為す有って為す無し、これを「敬」と言う。

――『手抄言志録・四八』

◉特別に何かをやろうと意気込んでいないのに、いつのまにやら立派な仕事を成し遂げるのを「誠」という。何かを成し遂げて、自分の手柄だと周りに思わせないことを「敬」という。

本当に優れたビジネスマンには、「誠」と「敬」という二つの条件がある。

まずは、一見ノンビリやっているように見えて、じつは仕事の肝心の部分を的確に進め、いつのまにやら見事に仕事を仕上げる能力。これが「誠」の力である。

それを「誠」と呼ぶのは、それが「いつも誠実に仕事へ向き合っている姿勢の産物」だからである。

そして、テキパキと仕事をこなし、見事にこれを仕上げても、それを「自分の手柄」として吹聴しない。それどころか「誰が仕上げたのか」という形跡さえ、あえて残さない。そういう態度を「敬」という。

仕事はチームワークであり、いかなる仕事も自分独りの力だけで達成できるものではない。そこには、一見わかりづらくてもきっと「縁の下の力持ち」となってくれている人がいる——と、その者は知っている。だから「自分独りの手柄」のように見せまいとするのだ。それほどの人間なら、まさしく「敬」に値するだろう。

「誠」も「敬」も、ビジネスマンとしてその域に到達するのは、現実にはなかなか難しいかもしれない。誰にも能力には限界があるし、その一方で

「自慢したい」という功名心もある。

けれど、「それを目指そうとする志」は、持っていたいものだ。

※

気づかれずに仕事を仕上げるとか、仕上げた仕事を自慢しないとか、我々一般人には、そうそうできる真似ではない。けれど、それが一つの理想であることは確かだろう。

せめて、その理想だけは心にとどめておきたい。リーダーが一番にその理想を志すならば、部下たちもきっと見習おうとしてくれるだろう。

政を為すの著眼は、情の一字に有り。情に従うて以て情を治む。これを王道と言う。

――『手抄言志録・四一』

◉政をする時、第一に考えるべきは「情」の一字である。民への同情心を持って政治を行う。これを「王道」という。

リーダーがチームを引っ張っていく上で、もっとも大切でありながら忘れがちなのが「部下への情愛」である。

無論、ビジネスの現場は学校ではない。部下たちに対し「中学校の教師のようにいちいち手取り足取り、何でもかんでも教えてやれ」という意味の情愛では、決してない。

ビジネスの情愛とは、気配りである。

プロジェクト達成という一つの目標に向かって、部下一人一人の適材適所を心がけ、部下たち個々が十分に力を発揮できるように、やりがいを感じられるように、仕向けてやることである。

この気配りによってチームをまとめられれば、それは、まさに「ビジネスリーダーの王道」と呼べるだろう。

※

治世者や支配者の政治のやり方について、昔から「覇道」と「王道」の二種類が挙げられている。

「覇道」というのは、力と権威で強引に支配をする独裁者の政治のことだ。

言い換えれば、人々を無理矢理に押さえ付ける「恐怖政治」である。

対して「王道」というのは、治世者が人々を思いやり、人々の声に耳を傾け、細かな気配りをすることによって、人々が自然に従ってくれるように持っていく政治手法である。中国思想的には「仁徳の政治」などと称する。

厳しいビジネス世界でライバル企業としのぎを削るからには、チームが一丸となって事に当たらなければならない。そうした時、戦いの厳しさから、ついついリーダーが「覇王的態度」になって部下たちにやたらプレッシャーをかけることは、よくある。

だが、そのやり方では必ずや部下たちの心は離れ、チームの結束が失われ、結局はライバル企業に遅れを取る結果になる。

リーダーたるもの、どんな難局に出会っても「王道的態度」を失いたくないものである。

一燈をひっさげて暗夜を行く。
暗夜を憂うるなかれ。
ただ一燈を頼め。

――『手抄言志録・五四』

◉一つの提灯を持って暗夜を進む時、暗闇を恐れて気を取り乱しては、いけない。ただひたすら自分の持つ提灯の明かりを頼りにして、我が道を進め。

仕事を進める中では、事態がどうなっているのか皆目見当が付かず、チームをどう導けば良いのかまるで考えが浮かばない。そんな八方塞がりの時も、あるだろう。まさに「何も見えない真っ暗闇の夜を歩いている」かのような不安だ。

けれど、そんな時にもジタバタせず、「何か好転させられる手があるはずだ」と信じて懸命に考えるならば、それは暗闇の中で提灯を手に入れたようなものである。

提灯の火など、小さなものだ。遠くまではとても照らせない。でも、自分の足下くらいは何とか照らせる。自分が今どんな道を歩いているかくらいは、わかる。

それと同じである。自分が置かれている現状を「再確認」する。そうすれば、些細なきっかけ、ちょっとしたアイディア、他人からもらった小さなアドバイス。そんなものを手がかりにして、何とか道を切り開いていける。

それを可能にするのは、最後まであきらめず「何か手はないか」と必死に、しかし冷静に考え抜くことである。

さまざまな仕事のうちには、「もう、これはどうしようもない！」と叫びたくなるような事案もあるだろう。

しかし、そこでリーダーが、やる気をすっかりなくした態度を部下に見せ、あるいはパニックになって部下に当たり散らすようでは、もうそこで何もかもが終わりになる。次なるプロジェクトに向けてのチームの活気と団結力も、すっかり失われてしまうだろう。

現実は過酷だ。どうしようもないものは、どうあがいてもどうしようもない。「あきらめが肝心」というのも、一つの真理だ。それでもリーダーが、最後の最後まであきらめず必死に「提灯」を探す姿を部下たちに見せれば、次にはきっと新たな成功が待っている。

※

濁水もまた水なり。一澄(ちょう)すれば則ち清水となる。客気(きゃっき)もまた気なり。一転すれば、則ち正気となる。

――『手抄言志録・五六』

◉濁った水も、また水である。汚れを取れば清水となる。空元気も、元気の一種である。何かのきっかけさえあれば、本当の元気になる。

泥で濁りきった水でも、ていねいに浄水すれば飲めるようになる。それと同じで、どんな大きなミスや難局でも、ていねいに修復を心がけていけば、何とか正常なルートに戻すことができる。

けれどそうした時、チームの誰もが、内心では「もうダメだろう、これは……」とあきらめムードの場合が、多々あるだろう。それでもリーダーは、「大丈夫だ。きっと何とかなる！」と皆を励まさなければならない。

もちろんリーダーだって半ば以上あきらめ気分であろう。それでも、そうした「空元気」を無理にでも見せることが大切だ。

たとえ根拠のない空元気でも、部下たちはそれを見るだけで「何とかなるかもしれない」と、気を取り直すことができるだろう。そうして、「よし！　やるだけやってみるか」と、皆も空元気を出していくだろう。

チームをそういうムードに持っていければ、空元気もいつしか「本物の元気」になる。そうなれば打開の道が開けるのは、きっとすぐだ。

※

根拠のない空元気というものは、じつは意外と力がある。「人間、何事も気持ちから」だから、空元気を出し続ければ、いつか根拠のある本当の元気に、それは変わっていく。

無論、他人の空元気を見て「フン！　くだらない。気持ちだけでどうにかなるもんか」などとシニカルに冷たい目でそれを眺める者は、論外である。第一そんな輩は、そもそも一人前のビジネスマンではない。

我れ公情を執って以て公事を行う、天下服せざる無し。治乱の機は、公と不公とに在り。

――『手抄言志録・五八』

●公の仕事をする時、私情を捨てて公共心だけで当たるならば、民は皆、服してくれる。世の中が平和となるか乱世となるかは、政治家に「私情を捨てた公共心」があるかどうかで、決まる。

人の心情には二種類ある。まずは「公の精神」。すなわち他人のため世の中にために尽くそうとする精神。

そして「私情」。自分の好き嫌いだけで動こうとする精神である。

どちらも、誰もが持っていて当たり前のものだ。が、ビジネスのリーダーにあっては、やはり前者の「公の精神」のほうが重要だ。

仕事は、自分の手柄や自分の報酬のためだけにやるのではない。「その仕事がどれほど世の中の役に立って、どれほどの人を喜ばせられるか」といった「公の精神」にも則って、進めていくものだ。そういう気持ちは、自然と外ににじみ出るから、部下たちもきっとそれに共感し、苦労を一緒にしてくれるだろう。

さらに、この「公の精神」は、率いるチームの部下たちに対しても向けられなければならない。

人間どうしたって、理屈抜きで気に入る者もいれば、好きになれない者もいる。けれど、そうした「私情」は表に出さず、部下の全員を公平に扱う努力をしなければならない。

リーダーが自分の「私情」によって、一部の者を贔屓にしたり、一部の者を邪険に扱ったりすれば、必ずチームの不和を生じ、仕事が停滞する。

プロジェクトが成功するかどうか。それはリーダーの「私情を持ち込まない努力」すなわち「公平性」にかかっている。

※

自分だけの損得を考えない。自分の好き嫌いを表に出さない。いずれも、なかなか難しい注文である。そうそう完璧にこなせる芸当ではない。

けれど、長い目で見て、先の先までビジネスの成功を考えるなら、リーダーには是非とも心がけてもらいたいことである。

「私情」優先で動く人間は、いつかは必ず他人に見放される。たとえ一見そうでなくとも、「私情人間」に近寄ってくる者も結局は「同じ穴のムジナ」にすぎない。信用し切れない者ばかりである。

象山の「宇宙内の事は皆己れ分内の事」は、これ男子担当の志、かくの如きを言うなり。

——『手抄言志録・六一』

◉陸象山が「宇宙のことは皆、自分の心の中にある」と豪語したのは、男子の志の強さをよく示したものである。

英傑である陸象山は、「宇宙のすべては、この俺の心と結ばれている。俺は一人の人間であるが、宇宙すべてと同化した男だ！」と、豪語した。

これは、傲慢不遜とも取れる言葉だが、気宇壮大（きうそうだい）の頼もしい言葉とも取れるだろう。一人前の人間たるもの、これくらいの気概があっても良いではないか。

ビジネスに身を投じる者ならば、時としてこのくらい自信過剰になったほうが、勢いに乗れて良い仕事ができる。要するに「いついかなる時でも卑屈になるな。自分で自分を貶めるな。自信を失うな」ということである。

※

陸象山は古代中国・南宋時代の儒学者で、当時、儒教の中心学派だった朱子学に真っ向から反論をブチ上げた気骨ある学者だった。その思想を一言で言うと、「天の正義である『理』とは、人の心の外にあるのではなく、人の心の中にある」というもので、要するにストレートな人間賛歌が、彼の主張だった。これをして「心即理（しんそくり）」と呼ぶ。まさに、ある意味で西郷の思想のルーツの人である。

ところで、その象山が「宇宙内の事は皆己れ分内の事」と述べたのは、彼がまだ十三歳の子供時分のことだった。なかなかナマイキな子供である。とは言え、そこまで自信タップリの人間は、見ていて好感も持てる。

なぜなら、象山の自信は「他人と比べて俺は優秀だ」といった「比較の優越感」から来ているのではない。「とにかく俺は優秀だ」という自らの「絶対の優越感」から来ているからである。

ここに、ビジネスリーダーが学ぶべき点がある。誰かと自分を比べて一喜一憂するよりも、誰よりも自分が自分を信じること。そうした信念で仕事に挑む態度は、ビジネスの大きな勢いになる。

およそ人の言を聴くは、宜しく虚懐にしてこれを迎うべし。狃聞(じゅうぶん)に苟安(こうあん)することなくんば可なり。

――『手抄言志録・六四』

●他人の意見を聞く時には、偏見を持たず冷静に聞くべきである。そして、世間一般で当たり前とされている意見も簡単に聞き流さずに吟味するべきだ。

他人からの意見やアドバイスには、自分が思いもよらなかった意外な内容で、大きな発見を促してくれるものがある。

かと思えば、ただの常識や一般論、非現実的な「机上の空論」にすぎないものも、多々ある。ことに現場の実情を知らない上司や、ただの知り合いにすぎない素人からは、そんな言葉を聞くことが多い。

しかし、ここであえて述べるなら、それが誰のどんな意見であれ、まずは先入観無しで、正面から耳を傾けるべきだ。「どうせこんな奴の言うこと、無駄に決まっている」と心の中でバカにしたくとも、あえてそこは我慢して、最後まで話を聞いてみるべきだ。

なぜなら、素人の発想や、一見「机上の空論」にすぎないアドバイスであっても、百のうち一つくらいは、仕事に生かせるものがあるかもしれない。それを聞き逃すのは、いかにも「もったいない」からである。

※

人間、いったん「軽蔑の先入観」を持ってしまうと「どうせこんな奴の言うことなんか……」と、始めから話を聞き流すクセが、どうしても付いてしまう。そして現実に、そうした相手の言葉は百のうち九十九は案の定、無駄なものであったりする。

しかしそれでも、「誰であれ、仕事のことで他人の話を聞くのも仕事のうちだ」と割り切って耳を傾ける態度が、リーダーには必要だ。

そうすれば、ごく希にでも、そこから意外なビジネスのヒントが浮かぶ場合もなくはないだろう。

それに何より「真剣に話を聞いてくれる人」に対しては、人間誰しも好意を持ってくれる。そして、意外なところで味方になってくれるものだからである。

心理はこれ、竪の工夫なり。
博覧はこれ、横の工夫なり。
竪の工夫は、則ち深入自得せよ。
横の工夫は、則ち浅易汎濫なれ。

――『手抄言志録・六五』

●相手の本心を理解しようとするのは、たとえるなら相手の心の奥底まで探っていくことだから「縦方向」の努力である。世間との付き合いや流行ものの読書は、幅広く情報を集めることだから「横方向」の努力である。縦の努力はひたすら自分の心を磨くことであり、横の努力は、浅いものとして自在に使いこなせればよい。

取り引き相手や部下の気持ちを読み取るため、いろいろ注意を払うのは、相手の「心の深い部分」つまりは「本心」を見据えようとすることである。これは、たとえるなら「心を縦に掘り下げていく努力」である。

一方で、ただ資料やデータ、相手の履歴や過去の業績だけに注意を払い、そこに示された数値だけで万事を判断をするのは、物事の上っ面のみを眺めているのと同じである。

そんな姿勢では、その奥に隠された相手の気持ちや思惑、恐さや可能性といったものは、見えにくい。たとえるなら「壁の裏に何があるのかも気づかず、壁の表面を右から左へと横に眺めているだけのこと」だからだ。

前者の努力は、ビジネスの大きな力となる。だが後者は、当人は書類を前にして努力しているつもりでも、それだけではたいしたビジネスの効果につながらない。

確かにデータは重要だ。だが、参考としてどこまで実際に活用するかをよく考えるべきである。

何と言っても「ビジネスは人間がやるもの」なのだから。

※

ビジネスを始めるにあたって、資料、データ、履歴、業績といったものを知ることは、重要だ。それらの知識があってこそ、プロジェクトの計画が立てられ、部下の配置も決められる。

しかし、人間が行う以上、ビジネスもまた「生き物」である。参加する人間の心の様変わりによって、ビジネスの内容自体も変わっていく。

そうした時、始めに頭に入れたデータだけに固執して、強引に仕事を進めようとするのは、明らかに誤りだ。ビジネスはその場その時の人間の心が、行方を大きく左右する。

要するに、まずは「横の努力」すなわち情報収集をし、仕事が進んでいく中では「竪の努力」すなわち周りの人間への思いやりに努めるということだ。

経を読むは、
宜しく我れの心を以て
経の心を読み、
経の心を以て
我れの心を釈すべし。

――『手抄言志録・六六』

◉経を読む時には、自分の心でその真意を読み取り、「経の真意」に「自分の心」を照らし合わせて反省するのが、良い。

「書類を読む」とは、どういうことか。

それはまず、「自分はこの書類からどのような情報、どのようなヒントを引き出すべきだろうか」と、明確な目的を持って、書類に接することである。

そして、読み進める中で、「ここに書いてある内容を、自分はどう感じているだろうか」そして「こんな感想を持つのは、自分がどんな人間だからだろうか」と、自分で自分を分析することも、大切である。

ビジネスの現状を明確に把握し、さらには「ビジネスを推し進めている自分」の力量やリーダー性をも、把握する。一枚の書類から、そこまで読み解くことができれば、立派なリーダーである。

※

企画書、報告書、現場からの申請書、取り引き先からの要請書、競合相手に関する資料……。ビジネスには書類が付きものである。ビジネスマンは、これら「文章を読む」ことも、大切な仕事の一つだ。

もっとも、哲学書や文芸書を読むわけでもないから、それらを読んでいちいち腕を組み、瞑想にひたっているわけにもいかない。しかし、書類に込められた書き手の意図や自分が得るべきポイントは、しっかり把握していなければならない。

赤ペンで「ここがポイントだ」と思える部分に線を引くとか、「この部分は疑問だ」と思える点があったら、そこにチェックを入れて後で問い質すとか、そんな些細な努力をするだけで、書類は格段に「訴えてくる内容」を明確にして見せてくる。

これはあるいは、哲学書や文芸書を読むこととはまた違った、独特の「ビジネスマンの読書術」と言えるかもしれない。

英気は無かるべからず。ただ圭角を露わすを不可と為す。

——『手抄言志録・六八』

●英気は、なくてはならない。ただし英気も度を越して、ギスギスした厳しさを露骨に示すのは、良くない。

リーダーが「今回の仕事も、がんばろう！」と部下たちの英気を鼓舞するのは、良いことである。勢いを部下たちに与えてやれるからだ。

ただし、この「がんばろう！」が、やたらギスギスしたものではいけない。

「がんばれ！　がんばれ！」とやたらに煽るだけでは、部下たちはやがて「脅されているような気分」になり、萎縮してしまう。いつでも「また何か言われるのではないか」と、ビクビクするようになって、かえって勢いを失う。

果ては、リーダーの鼓舞が恐くなり、あるいはうっとうしくなって、その反動として、リーダーの前だけで「がんばる振り」をするようになる。リーダーの目の届かないところでは、ついつい気が緩んで仕事に集中しなくなる。

これでは、鼓舞がまったくの逆効果である。プロジェクトの進行は思いどおりにいかず、思いがけないところでミスも発生する。

ここに至って、さらに「もっとがんばってくれなきゃ困るじゃないか！」などと、リーダーが激しく鼓舞を繰り返したりすれば、部下はますます気落ちして、やる気をなくす。とんだ負のスパイラルである。

部下を励まし鼓舞するにも、「ほどほどの加減」というものがあるのだ。

※

英気、元気、やる気というのは、ビジネスに限らず人間の行いに不可欠なものだ。けれど、それを他人からあまりに煽られすぎると、「こちらはこちらなりにやっているのに……」と反感が生まれるのは、当然のことだ。

さらにやっかいなのは、「やたら『がんばれ』と他人の尻を叩くおまえはどうなんだ！」「自分のことは棚に上げて、他人にばっかり厳しくしやがって」といった反発心や疑惑をも、生み出してしまう。

リーダーたるもの、「がんばろう！」のかけ声がきちんと自分にも向けられているかどうか、よくよく気をつけたいものである。

刀槊の技、怯心を懐く者はくじけ、勇気を頼む者は敗る。

——『手抄言志録・六九』

◉刀や槍の試合では、臆病風に吹かれている者は当然負ける。だが、やたら強気に出て張りきり過ぎる者も負ける。

剣術や槍術の試合では、始めから「負けるだろう……」と臆病風に吹かれている者は必ず負ける。かと言って、「よーし！　勝つぞ、勝つぞ！」とやたら気負って、気合いが空回りしている者も、たいてい負ける。

もちろんこれは、勝負事すべてに通ずる真理である。

そしてまた、ビジネスも勝負。競合相手との勝負。納期に間に合わせられるかどうかの時間との勝負。どれほど仕事の完成度を上げられるかの勝負。ビジネスマンは、常に戦っている。

では、リーダーたるもの、勝負の勝ちを引き込むためには、どんな心構えが必要だろうか。

臆病風も、気合いの空回りも、自分の心から打ち払うことである。つまりは「結果がどうなろうと、やれることを精一杯やるだけだ」といった落ち着き。不安や焦りを忘れ、勝負が決着する寸前においてさえ、あわてず騒がず、心静かに事態の推移を見守る。これが「勝者の心構え」だ。

そうした落ち着きを、始めから持てているリーダーには、部下たちも安心して付いてきてくれる。仕事は、淡々としながらも着実に進めることができる。だから、結果として勝者になれるのである。

※

むやみやたらと「やるぞ、やるぞ！　勝つぞ、勝つぞ！」と気合いを入れるのは、あえて言うなら「不安の裏返し」なのだ。

「このままでは負けるかもしれない」という思いが底にあり、だから「何とかしなければ」と、具体的なビジョンもないまま騒ぎ立てる。リーダーがそんな態度を見せていれば、部下たちにも不安が「伝染」する。チーム全体に焦りと不安のムードが蔓延してしまう。

それよりも「できることをやろう」という気持ちが、なければならない。「できること」とは、目の前の「具体的、現実的なビジョン」である。それを落ち着いて積み重ねていくことによって、勝ちを引き寄せるのだ。

物無ければ則ちその人を見ず、即ちこれ勇なり。

——『手抄言志録・七〇』

●物欲がなければ、損得勘定で状況や周りの人を見たりしない。そこに、本当の勇気が生じる。

人間誰しも、物欲がある。物欲の最たるものは、やはり「カネが欲しい」という気持ちである。誰でも持っていて当然の気持ちだ。

しかし、ビジネスの世界では……と言うより、ビジネスの世界だからこそ、あまりに物欲を剥き出しにすると、かえって失敗する。

「他人を出し抜いてでも成功したい。儲けたい」といった気持ちがあまりに強いと、「あいつを出し抜いてやろう。こいつを騙してやろう」という卑劣な心持ちに、自然と変化していく。キョロキョロと周りの人間を気にするようになり、かえって周囲からのプレッシャーを、自分勝手に感じるようになる。

「自分が卑劣なのだから、周りも卑劣に違いない」と疑心暗鬼に襲われ、周りを見る目がますます凶悪になっていく。

こうなってしまったら、もう終わりである。

顧客にも、取り引き相手にも、果ては部下たちからさえ、すっかり信用を失ってしまう。「あんな人間には任せられない」「あんなリーダーには付いていけない」と、周囲から見放される。そんな人間が、ビジネスの成功を得られるわけがない。

だから仕事に向かうにあたっては、自分の物欲をひとまずは忘れることが肝要だ。そうすることで、他者への疑念もなくなり、「他人の目なんか気にしない。ただ精一杯働くだけだ」という勇気がわいてくる。

その勇気が、結果的には成功へとつながり、報酬へとつながり、自らの物欲も、いつのまにか満足できるようになる。

※

「物欲をひとまずは忘れよ」とは、これまた難しい注文である。

そもそもビジネスというのは「儲けるための行い」なのだから、物欲は仕事のエネルギーそのものであり、それをなくしてしまっては、やる気も出ないというものだ。

ただ、ここで述べているのは「物欲を露骨に示すな」という訓戒だろう。「儲けたい気持ち」だけがあまりに前面に出すぎると、確かに人間は卑しくなる。そうした姿は、周囲にすぐに気づかれ、軽蔑される。

「儲けたい」という気持ちと同時に「仕事は世のため人のため」といった気持ちも持ち続けよ。それが信用につながり、成功につながる――ということである。

千万人といえどもも我行かんとは、物無きなり。

——『手抄言志録・七一』

●敵が千万人いようとも私は怯まない、という心意気は、物欲で損得勘定をしない人間の心である。

時によってはビジネスに必要なものは、勇気である。もっと言えば「根拠はないけれど何とかしてやるぞ！」といった「良い意味での蛮勇」である。

しかしこれは、「ただメチャクチャに突っ込め」といった教えとは少し訳が違う。

たとえば戦場で「敵が一千万人でも、俺は突撃するぞ！」などと勇んで真っ正面から突っ込んだところで、アッサリ殺されるのがオチだ。そんな勇気には何の意味もない。

ここで述べる「蛮勇」というのは、そんなものではなく、どんなピンチの時でも「俺は突撃するぞ！」くらいの「開き直り」を持て――という意味である。

そこまで開き直れれば、現在の不利な状況も、外部からのプレッシャーも、予算の問題も、いったんは忘れられて、心が空っぽになれる。心を空っぽにして仕事に取り組めるならば、それは「新たにスタートする」のと同じである。

新たなスタートならば、何もかもが「これから」である。気持ちを奮い立たせることもできるだろう。

そんな蛮勇がきっと、ピンチを「力づくで切り抜ける」エネルギーとなってくれる。

※

考えてみれば「勇気」とは、良い意味での「開き直り」だろう。「これまでの失敗、不利な現状、悲観的な予測」といった「悪い過去と現在と未来」

に、あえて目を向けず、とにかく「やれるところまでやってみる！」という気概である。

ビジネスにはピンチが付きものだし、中には「度を超えたピンチ」というものもある。もちろん、そうした時は「堅実な撤退」も一つの方法だけれど、「気持ちを切り替えて再チャレンジだ！」といった気概が、時として意外な大逆転を生み出してくれるものだ。

三軍和せずば、以て戦(たたかい)を言い難し。百官和せずば、以て治を言い難し。

――『手抄言志録・七二』

●全軍が一つの気持ちでまとまっていなければ、勝ち戦にはならない。すべての役人が心を一致していなければ、良い政治は行なえない。

右の原文にある「三軍」「百官」というのは、「全軍」「すべての官（役人）」という意味である。要するに「すべての人間」ということだ。

全軍が皆、力を合わせて進む気になっていないならば、戦を始めてはいけない。すべての役人の合意が得られないならば、政令を出してはいけない――と、言葉どおりに訳すなら、そういうことになる。

要するに、何をするにも「全員の賛同」が「万全の態勢」ということだ。もっともこれは、かなりの理想論であろう。

しかし、ここであえてこの項を示したのは、この教えが「ビジネスのプロジェクトチームにあっては、やはり不可欠の要素」だからである。

一つのプロジェクトのために結成されるチームの人間は、決して「大人数、大所帯」ではない。その程度の規模ならば、やはり「全員の結束」は必要だし、決して不可能ではないはずだ。

無論、「いきなりチーム全員がリーダーの方針に全面的に賛同する」などという都合の良いスタートが切れるわけはない。やはり当初は、内心では不服を感じている者、自分なりの別の意見を持っている者も、いるだろう。

だからこそ、ここはリーダーの出番なのである。

不服や不満を持つ者と一対一でじっくり話し合う。そして、相手の意見に汲むべきところがあるなら汲むし、どうしてもこちらが譲れないところがあれば、懸命に説得する。そうやって一人一人と胸襟を開いて、心を許し合い、最後には「全員の結束」を勝ち取る。

それができてこそ、ビジネスで勝てる強いチームができあがる。

地道な作業ではあるが、リーダーたるもの、あきらめず部下の一人一人と向き合う努力を惜しんではならない。

※

「納得すること」と「妥協すること」は、一見似ているようで、まるで意味が違う。妥協は所詮「面倒だからこのへんで手を打とう」という馴れ合いにすぎない。そこには、本当の共感も合意もない。心の奥では、互いに距離を置いたままである。

もちろん世の中のさまざまな問題には、こうした妥協も時には必要だ。けれど「ビジネスで勝てるチーム」とは、やはり「互いに互いを納得し合っているチーム」である。リーダーが、頭ごなしに不服の者を押さえ付けるのはもちろん論外として、「適当に妥協し合ってナァナァの気分で仕事が動けばいいや」などと考えるようでは、大きな成功には通じない。

義と智とを合わせて来るもの有り。上なり。ただに勇のみなるは危うし。

――『手抄言志録・七四』

◉正義と智恵を併せ持った者は、正しい結論を導ける。たいへんに良いことである。ただ勇気だけがあふれ、血気盛んに挑もうとする者は、失敗しやすい。

仕事に対する使命感や正義感といった意気込みは、もちろんすばらしいものだ。

「良い仕事をして、顧客を満足させよう。消費者、利用者に喜ばれよう。後世に後ろ指を指されない立派な業績を残そう」という「純粋な精神」は、ビジネスに決してマイナスにはならない。むしろ、そうした意気込みを持たずにただ数字だけを追いかけるビジネスマンに、良い仕事はできない。

しかし、現実は「純粋さ」だけでは通用しない。

結果として良い仕事を達成するためには、競合相手に勝つ工夫をし、時には顧客をなだめすかし、取り引き先とシビアな駆け引きをする必要がある。そうした作業の中には、いわゆる「汚れ仕事」も当然含まれているだろう。

だが、汚れ仕事も含めて、これらの作業こそが「ビジネスの智恵」である。

智恵無き者に、勝利はない。純粋な正義感とシビアな智恵。この二つは、一見相反するようで、じつはビジネスの両輪である。

純粋な正義感さえあれば神様が助けてくれる。きっと正義の味方が現れてくれる――という発想は「子供に教える教訓」である。一人前のビジネスマンが持つものではない。

※

シビアな駆け引きや出し抜きといった行為も、ビジネスに必要なことである。無論、露骨な「欺き」と「違法行為」は論外だが、ギリギリそれに近い「合法スレスレ」の「汚れ仕事」の手も、どうしても使わざるを得ない場合があるだろう。

そうした時、リーダーに求められるのは「汚れ仕事ほど自分が買って出る」態度ではなかろうか。

汚れ仕事は誰だって、やりたくない。やりたくないことを部下に押しつけて自分は高みの見物――などという態度は、大きな企業の高い地位にある者ほどその傾向が見える。が、そんなリーダーを、誰が本心から支持するだろう。

それより、リーダー自らが「汚れて見せる」ことで、部下の信頼は厚くなる。結果としてプロジェクトの成功に、より近づける。

公私は、事に在り、また情に在り。
事公にして情私なるものこれ有り。
事私にして情公なるものこれ有り。
政を為す者は、
宜しく人情事理軽重のところを
権衡（けんこう）して、以てその中（ちゅう）を民に用うべし。

――『手抄言志録・七五』

●「公」と「私」の心は、仕事の中にもあり、人情がらみの事の中にもある。だから、仕事中に私情がからんでくる場合もあれば、人情がらみの事の中で公共心が働く場合もある。政治を執り行う者は、そのあたりのバランスを見極めて、うまくその中ほどを押さえて、民に向かわなければならない。

公の気持ちと私的な気持ち。オフィシャルな対応とプライベートな対応。

この両者は、さまざまな事実に両方とも含まれる。つまりは人間、「仕事だから」と割り切って私情をいっさい捨てるなんて真似もできないし、「今はプライベートだから」と開き直って、仕事をいっさい忘れることもできない。

仕事に取り組んでいる最中だって、どうしても気になってしょうがないプライベートの問題を抱えている者もいる。プライベートの中でも、仕事がついつい気になり、職場に電話をかけたり、家族を放り出して仕事現場に駆けつける者もいる。

だからリーダーたるもの、そのへんのバランスをよく推し量り、部下一人一人に、ストレスを感じさせないよう取り計らってやるべきである。

プライベートな問題で悩んでいる部下には「仕事に集中しろ!」と頭ごなしに叱りつけるよりは、「それほど悩んでいるなら仕事は少し休め。事のケリがついたら、休んだ分もがんばってもらうから」と、背を押してやる。

仕事が気になって休みたがらない者には、「休暇は規定どおり取れ!病気にでもなられたらこっちも迷惑だし、残業代など出せないんだぞ!」

などと脅すよりは、黙って仕事をさせてやり、その分、当人の健康管理のフォローや家族サービスのアドバイスなどをしてやる。

そんなふうに、部下一人一人への細やかな気配りを心がければ、かえってチームは円滑に動き、部下からの信頼も厚くなるだろう。

※

「仕事に私情を持ち込むな！」などとやたら偉そうに説教する輩は、よほど人情の機微に疎い鈍感人間か、自分が「仕事ロボット」にすぎないことを自覚できていない愚か者である。

仕事とプライベートの区切りをしっかり付けることは、もちろんビジネスマンの理想だ。けれど人間、そう杓子定規（しゃくしじょうぎ）に切り替えられるものではない。

理想像をただ押しつけるよりも、部下には、ほどほどのバランス感覚を持って「良い意味で適当」に接してやるほうが、部下に信頼され、頼られる。

慎独(しんどく)の工夫は、まさに身、衆人広座の中に在るが如く一般なるべし。

――『手抄言志録・七六』

◉一人の時に心がけるべきことは、自分が、多くの人々が集まっている座敷の中にいるのだと空想することである。

ビジネスマンは、オフィスにいる時にしろ、外回りで出ている時にしろ、現場で動いている時にしろ、時として「独りになる時」というものがある。周りに関係者の誰もいない、ある意味で「気楽な時間」である。

しかし、そうした時間もまた「仕事中」であることは、確かなのだ。多少は気を緩めるのも悪くなかろう。が、誰も見ていないのを良いことに、すっかりサボり切って仕事を放り出すような態度になるのは、決して誉められたものではない。

そんな時「あれっ。俺、ちょっと緩みすぎかな」と気づいたなら、良い方法がある。

それは「自分は今、独りではない。周りには沢山の人がいて、サボっている自分を見ているのだ」と、無理にでも想像することである。言わば、自分で自分に暗示をかけるのだ。

こうすると不思議なもので、サボッている自分が急にみっともなく感じるようになり、独りでも仕事に気合いが入るようになる。

※

独りなのを良いことにやるべきことを放り出す——というのは、人間誰しもやってしまうものである。しかし、それが決して良い結果に結びつかないのは、言うまでもないことだ。

それに、人というのは、見られていないようで見られている。見ていないようで見ている。人を率い指図する立場のリーダーが、そんなサボりの姿を見られては、自分の株が大暴落である。

「マァ、リーダーも人間だし、大目に見てあげるか」などと言ってくれるほど、部下は甘くない。

応酬の工夫は、まさに閑居独処（かんきょどくしょ）の時の如く一般なるべし。

——『手抄言志録・七六』

●他人と応対する時には、一人静かな場所にいると空想すれば、相手を恐れたり焦ったりすることもなく、穏やかに対応できる。

顧客や取り引き先の人間などと一対一で対応しなければならない場合が、ビジネスシーンには多々ある。横から逐一アドバイス的に口を挟んでくれる先輩などが隣に座っていれば幾分は安心できるが、これが独りとなると、焦りや不安で、なかなかうまく話を運べない。

そんな時は、自分で自分に、ある種の暗示をかけると良い。

一瞬で良いから「俺は今、独り静かにここに座っているのだ。口やかましい相手が目の前にいるわけではないのだ」と、ちょっとした「瞑想」に入るのである。

そうすると不思議なことに、心が落ち着いてくる。相手が暗に脅しにかかってきたり嫌みな態度を示してきたとしても、「その件につきましては、ていねいにご説明しましょう」と冷静な態度で接せられるようになる。

これは言わば、ビジネスマンが仕事を円滑に、効率よく進めるための「心理的テクニック」である。

無論、リーダーたるもの、このへんのテクニックは十分にマスターしているはずだ。と言うより、マスターしていてくれなくては困る。

※

暗示や思い込みの力というのは、なかなかバカにできない。思い込みで実際に活力がわき、それが仕事のエネルギーになることは、少なくない。

ことに我々の住む東アジア、東洋の思想では、こうした「心と体の一体性」を重視してきた。こうした「心の力」を信じないのは、むしろ「欧米型現実主義」に凝り固まった「片寄り思考人間」にすぎない。

心は現在せんことを要す。
事未だ来たらずば、迎うべからず。
事已に行かば、追うべからず。
わずかに追い、わずかに迎えば、
すなわちこれ放心なり。

――『手抄言志録・七七』

◉時間は刻々と過ぎていくものだが、焦らず「たった今、まさにこの瞬間に自分は存在している」ということを忘れてはならない。まだ来もしない遠い先の未来を、今この場で迎えることはできないし、すでに過ぎ去った過去を追うことも、できない。未練がましく過去にとらわれたり、未来を無駄に考え過ぎたりするのを、心が定まらない「放心」状態と言うのである。

仕事とは「今、この場」で行っているものだ。今コツコツ働いていればこそ、未来もやってくる。当たり前の話であり、しかし意外と、人が見失っている真実である。

仕事の途中から早々とプロジェクト達成の姿を夢想するのは、それが「大成功だ！」といった楽観的なものであっても、「どうせうまく行かない……」といった悲観的なものであっても、どちらにしろ意味がない。

今を着実に乗り切らなければ、いずれにしろ未来には到達しない。そんな「妄想」を頭に浮かべる暇があったら、今、目の前にある仕事に懸命に取り組むほうが、ずっと重要である。

同様に、仕事の中にあって過去を思うことも、意味がない。

「あの時はうまくいったなァ」とほくそ笑むのも、「あの時、ああしておけば良かったのに……」と未練がましく悔やむのも、今、目の前の仕事には何らプラスにならない。

未来を夢想するのも、過去に未練を抱くのも、いずれも「心が、今のこの仕事の場から離れてしまっている」という点では、同じである。仕事を遅らせる原因にしかならない。

リーダーたるもの、このことを自省するのはもちろん、部下たちがそんな「放心状態」に陥っていたら、「そんな先のことを考えてもしょうがないぞ」「いつまでも昔のことを引きずっていても意味がないぞ」と、一声かけてやるべきである。

※

良い意味でも悪い意味でも、過去にとらわれ未来にとらわれた人間は、少なからず「今」をないがしろにする。

一つの人生論としては、そんな「妄想」の中に身を浸すのも、正しいことである。たとえば、「過去の大切な思い出」を心の支えにして生きる人がいる。未来への希望を支えにして現状の苦しさに耐えている人も、いる。「今」よりも「過去」や「未来」のほうが生きる上で大切な場合だって、人生には多くある。そうした人を否定することは、決して許されない。

ただし、これがビジネスの話となると別である。とにかく「今働かなければ、未来がない」のだ。こうした「人生論とは違うシビアなビジネス論の割り切り」は、やはり必要である。

物、その好む所に集まるは、人なり。

――『手抄言志録・七八』

●物とは、それを必要とする人々の所に集まり、人に使われて、初めて意義を持つ。

商品というものは、それが好まれる所、必要とされる所、需要がある所に送られてこそ輝く。そして、いったん人々に迎えられれば、その商品は人々に多く使われ、改良点を見出され、ますます良いものに進化していく。商品を磨き輝かせるのは、生産者だけの力ではない。消費者の力も欠かせない。

だから、良い商品とは、市場に迎えられてこそ良い商品なのだ。開発室の中だけで「これは良い商品だ」と開発者たちが悦に入っているうちは「良い商品になっていない」のだ。

それを「良い商品にする市場」はどこか。この点を見出すのがリーダーの務めである。

※

商品開発とは、夏休みの小学生の宿題工作とは、まったくワケが違う。作ればそれでオシマイといったものではない。流通させてこそ、商品としての使命を全うするのである。

一人前のビジネスマンたるもの、自分が開発、製造、営業、流通のどの部署に関わっていようと、そこまですべて考えて仕事に当たるのが、理想である。企業の重職にある者なら当然のこと、どこの部署のリーダーでも、そこまで考えて仕事に当たってほしいものだ。

事、期せざる所に赴(おもむ)くは、天なり。

——『手抄言志録・七八』

◉出来事とは、予測のつかない時と場所に起こる。言わば、人智を超えた「天の所業」である。

作り上げた商品が、いったん市場に迎えられ無事に流通したからといって、そこで安心するのはまだ早い。

ビジネスには、予想もしなかった思わぬ展開というものが、往々にしてある。

思わぬトラブル。意外なライバル商品の出現。想定外のクレーム。こうしたドンデン返しは、いくら細かな分析や想定をしていても、起こる時は起こる。もうこうなっては「運命」というしかない。

だから、そんな運命に巻き込まれてしまった時は、せめてあわてず騒がず、冷静な対応を心がけたいものである。

外れてしまった軌道を少しでも修復する手はないか。それとも、いっそのこといったん手を引いて新たにスタートし直したほうが良いのか……。

こういう時の判断と決断は、確かに厳しい。しかし、これを「良いリーダーかどうかを天から試されているテスト」だと思うくらいの覚悟が、リーダーには欲しいものである。

※

オリジナルの商品で成功すると、とにかく嬉しくなって「この成功が永遠に続く」などと、ついつい思ってしまう。ビジネスに携わる者なら、誰にもあることだろう。

ところがドッコイ、現実はそううまくは運ばないものだ。こればかりは、しかたがない。

せめてリーダーだけは、周囲がどれほど成功に喜び沸き返っていたとしても、その中にあって「どうなるかわからないぞ」といった冷静な覚悟を、持っていたいものである。

人は厚重(こうちょう)を貴ぶ。遅重(ちちょう)を貴ばず。

――『手抄言志録・七九』

◉人々は、温厚でいつもドッシリと落ち着いている人を貴ぶが、ただの呑気でノロマな人間を貴びはしない。

ドッシリと構えている人というのは、見た目が一緒でも、まったく違うタイプがある。

まずは、たとえいつもはドッシリしていても、いざ事が起これば素早く立ち上がり、現場に急行し対応できる人。

対して、何かトラブルが発生するや、慌てふためいて、いつまでもグズグズと動けない人。

この差は言うまでもなく、ふだん動かない中でも「状況を常に把握し、自分の動くべきタイミングを過たず見計らっている人間」なのか、「ただ毎日をボーッと過ごしているだけの人間」なのか——の差である。
リーダーとしてどちらが優れているかは、いまさら論じるまでもない。

※

上に立つ者は、ただドッシリと構えていてくれて、余計な口出しをしなければ、それで良い——と述べる人もいる。そのほうが部下たちがノビノビ仕事ができるから、というわけである。

だが、ドッシリしていることとボーッとしていることは、意味がまったく違う。ビジネスの責任は、良かれ悪かれ、トップが取るものである。優れたリーダーなら、部下たちに自由に仕事をさせてやった結果は、それがどんなものだろうと責任を負うべきだ。

そして、それを良い結果に導きたいのなら、ふだんドッシリしていながらも、言うべき時に言うべきことは言う。動くべき時に動くべきことは動く——といった気構えが必要である。

真率を貴ぶ。軽率を貴ばず。

――『手抄言志録・七九』

●人々は、自然体で無駄な飾り気のない人を貴ぶが、ただの軽率なお調子者を貴ぶことはない。

ビジネスマンには、一見似ていて、まったく違うタイプの人間モデルがある。

ふだん万事気楽に構えている感じで、目上の人間と会っても体裁をあまり取り繕わず、ちょっと見ると怠けているように見える。ところが、いざとなるとテキパキと的確に仕事を片づけ、至らない同僚がいればお節介にならない程度にフォローの手を差し伸べてくれる――と、そういうタイプの人間。

対して、本心から万事を気楽に考え、「とりあえず同じ仕事を適当に繰り返してりゃあ、月給がもらえる」と、毎日を平然とブラブラ過ごしている人間。こうしたタイプは、いざという時ロクな戦力にならない。

両者を比べて、どちらが秀でたビジネスマンかは説明の必要もなかろう。

※

ビジネス世界にあっては「見た目が大事」なのは、言うまでもない。

たとえば契約相手が抱く「見た目の第一印象」で、その後の信頼関係から契約内容までもが、大きく左右される場合がある。

けれど「見た目がすべて」というわけではないことも、真実である。

ふだん何事もない時は、我が身をきれいに飾り立てている者。あるいは、やたらと元気活発に動いて見せている者。そんな連中が、何かの突発事態で人が変わったように焦ったり怯えたりと役に立たなくなる場合も、決して少なくない。

リーダーたるもの、そうした「人間の本質」を見極める目が欲しいものだ。

人は則ち地の気の精英なり。我れ、静坐して以て気を養い、動行して以て体を養い、気と体と相資って以てこの生を養わんと欲す。

――『手抄言志録・八〇』

◉人とは、天から与えられた「気」の固まりとして、この地上に存在する。だから私は、静かに心を落ち着けて「気」を養い、一方で行動することにより「体」を鍛えている。つまり「気」と「体」を両方鍛え養うことで、この地上に存在しているのだ。

「地」とは、大地に根差して生きている肉体のこと。「気」とは、精神のことである。

人間にとっては、肉体と精神は車の両輪のように、切っても切れない互いを支え合うもの。どちらか片方だけでは、人は人として生きていけない。

だから、ふだんから物事をじっくり考えるクセを付けて、精神を養う。そして、ふだんからよく体を動かし、食事にも気をつけて、体の健康を保つ努力をする。こうすることで、心身ともに健康に過ごしていける——というわけである。

よく「体が資本」と言われるが、ことビジネスマンにあっては「精神も資本」なのである。

データの分析力。相手の心情を読み解く洞察力。プロジェクトの進行を着実に進めるための想像力。そして、トラブルに対処するための「ひらめき」と、辛い事態をジッとこらえる忍耐力。これらはすべて「精神」の生み出す力である。

ビジネスマンたるもの、ただ体力を生かしてガムシャラに働いていれば良い、というものではない。もちろん体力は大事だが、それに見合った精神力が大きく求められる。

やはり、良き心身あってこそ、良き成果を導き出せるのだ。

※

肉体を養うというのは、辛いながらも簡単な作業と言える。ふだんから体をよく動かし、できるだけ体を怠けさせない。健康バランスに少し注意を払って、ふだんの食事を取る——と、そうした日々の繰り返しで、体は十分に養われる。

では、精神を養うにはどうするか。

人間は「言葉の生き物」だから、ふだんから多くの「言葉」に接することだろう。

仕事に直接関係のない書物も、それを「心の養分」にするために積極的に読書をする。そして「言葉」によって先人の智恵を学ぶ。

「どうするべきか。どうあるべきか」といった問題を、論理的に考える。自ら筆を執って、考えを書き記していくのも、良い精神のトレーニングになる。

そして「対話」。ただ自分の主張を訴えるだけでなく、相手の話もよく聞いて、互いの長所を見出し、新たな論理に到達する。

こうしたことをふだんから心がけることで、精神は養われていく。少なくとも、ヒマさえあけばスマホの画面に見入っているビジネスマンに精神が養われる期待はできない。

辞譲の心偏（へん）すれば、
民あるいは奔亡風狂（ほんぼうふうきょう）する者有り。
是非の心偏すれば、

民あるいは兄弟牆(かき)に鬩(せめ)ぎ、父子相訟(うった)う者有り。

――『手抄言志録・五〇』

◉譲り許してやる心も度が過ぎると、民は好き勝手をやって堕落し、最後には人生を見失って狂ってしまう。正邪を判断する心も度が過ぎると、身内同士でさえ許し合えず、兄弟で激しく争い、親子のもめ事が訴訟問題にまで発展してしまう。

部下を信頼し、法にも良心にも則って仕事をすることは、良きリーダーの条件だろう。だが、これまた度を過ぎると、仕事にマイナスを生じる。

部下を信じて「これは君に任せた!」と一任すると、それを意気に感じてがんばれる者もいれば、その重責に耐えかねて、仕事そのものから逃げ出したりノイローゼになってしまう者もいるかもしれない。

ふだんから正論ばかりを振りかざして部下に接していると、部下によっては影響を受けすぎて、必要以上に厳格になってしまう者もいるかもしれない。職場ではもちろんプライベートでもやたら厳しくなって、その部下の家庭までも壊してしまうかもしれない。無論そこまで行くケースは希だろうが、それに近いことが起こる場合なら、ありうるだろう。たとえば、その部下の友情を壊すきっかけくらいには、なってしまうかもしれない。

これらの悲劇は、もちろんリーダーの思惑から遠く離れたもので、直接的な責任は無い。が、間接的に責任の一端はあるだろう。

※

こちらが「ちょうど良い」と感じる程度のことでも、人によっては「度を超している」場合が、時折ある。部下は、マニュアルどおりに動く単一能力のロボットではない。それぞれに個性があり、独自の感受性がある。そこまで気を遣えれば、立派なリーダーである。

徒に聞見を貪るのみならば
則ち或いは恐る、
傲りを長じ非を飾らんことを。
謂わゆる寇に兵を貸し
盗に糧を資するなり。慮る可し。

――『手抄言志録・八一』

◉そもそも学問とは自分の人格を磨くことが目的である。その目標を忘れて徒に知識をあさっているようでは、いつか傲慢になり、得た知識を利用して自分の失敗をごまかす卑劣な人間になる。こうなっては人の道を踏み外して、いつか自分で自分の首を締めることになる。まるで、敵に兵士を貸し、泥棒に食糧を与えてやるようなもので、自滅の道にまっしぐらである。じつに恐ろしいことだ。

情報はビジネスにとって、何よりの武器である。しかし、情報収集というものは、ややもすると「情報をただひたすら集める」ことだけに終始して、「その情報は、何のために誰が使うのか」といった当初の目的がアヤフヤになっていく恐れがある。情報集めに熱心な者ほど、そうなりやすい。

こうなってしまって恐いのは、「私の情報にまちがいはない。したがって、情報によれば事実はこうに違いない」と、現実を見もせずに決めつける人間さえ、現れることだ。当人は気づかず、情報に「隷属」してしまっているのだ。

これが、重職にある者やチームリーダーだったら、手に負えない。「いや。現状をこの目でしっかり見ましょうよ」という「至極当たり前の忠告」を誰もが言いづらいし、言ったら言ったで「何だ！　おまえは私の情報を信じられないのか！」と、逆ギレされてしまう。

その挙げ句、情報が事実と食い違っていた場合、仕事に大きなミスや損失が生じるのは、火を見るより明らかだ。これでは、自ら競合相手を有利にしてやり、こちらが得るはずの利益を平然とかっさらわれるだけの話である。

情報に振り回されることの恐さというものを、まずはリーダーが肝に銘じておかねばならない。

※

情報信奉者というのは、どんな職場にも程度の差こそあれ、いるものだ。そういう人間のとくに困ったところは、自分が見つけた情報に妙に自信を持っていて、それが「嘘の情報」でも信じ切ることである。

真っ当なビジネスの世界でも「情報操作」を仕掛ける人間は、いる。彼らの「嘘情報」に見事にひっかかり大損する——なんて話も、珍しくない。とてもシャレにならない。

「敵を欺くとは、敵に有利と感じさせる嘘の情報を流すことにある」とは兵学の教えだが、ビジネスにも十分当てはまる。

真己(しんこ)を以て仮己(かこ)に克つは天理なり。身の我を以て心の我を害するは人欲なり。

――『手抄言志録・八二』

◉「こうしなければ」という使命感によって、「こうしたい」という欲望を押し殺す。これが天の道であり理である。欲望を優先し、使命感を後回しにするようになったら、おぞましい私利私欲の固まりである。

「しなければならないこと」をきちんとわかっているのが、本当の自分である。

「したいこと」をひたすら追いかけるだけの自分は、誤った自分である。

ある意味極論ではあるが、ビジネスマンの心得としては、一つの真実だろう。

とくに、肉体的な欲望に負けて「本当の自分」を完全に見失ってしまうのは、まったく論外の「欲の権化」である。

ついついの深酒や異性関係の問題などで、つい「本当の自分」を見失うことは、さして珍しくない。が、ビジネスマンとして「しなければならない自分の使命」を、そのために完全に放り出してしまうようでは、話にならない。

※

「自分がしなければならないこと」を正しく理解する――というのは、じつは結構難しい。

ともすれば、「しなければ」と思い込む仕事の量を自分の実力以上に考え、背負い込み、結果、その重責に耐え切れずに心身を病んでしまうことが、あるからだ。

「つまり「しなければならないことをわかる」というのは、「自分の実力に見合うだけの仕事量をきちんと把握する」ということだ。その中で、「したいこと」を追いかけるささやかな欲を、仕事に支障がない程度に持つならば、それこそが「本当の自分」だろう。

一息の間断なく一刻の急忙無し。即ちこれ天地の気象なり。

——『手抄言志録・八三』

●天地というものは、一刻も止まらず、一刻も早まらない。常に一定のリズムで運行している。これが天地の偉大さである。

天地の動きというのは、一瞬も休むことがない。その代わり、あわてて急に忙しく動くこともない。常に一定のリズムを保って、安定して動いている。

春夏秋冬は常にバランスよく変化し、一つの季節がダラダラ続いたり一つの季節が極端にあわただしく終わるようなこともない。

これは、ビジネスのプロジェクト進行にも、大いに見習いたいところだ。プロジェクトの始まりから終わりまで、常に安定したリズムとスピードで計画どおり進めるのは、何よりの理想である。

だが、現実にはどうしても、始めのうちはついつい気が緩んで作業をノンビリやってしまい、中途や終盤であわてることになる。中途で、人の手配が足りなくなって大あわてで人手を掻き集める。終盤に、時間が足りなくなって真夜中にアチラコチラに電話をかけまくる——と、そんな羽目に陥る。

そんな失敗を教訓として学ばず、同じ経験を二度三度と繰り返してしまうのは、やはり優れたリーダーとは言えまい。

※

終盤に突貫作業で仕上げた仕事というのは、たいてい、どこかが雑になり、後から手直しが大変になるものだ。

そして、仕事の内容自体はもちろん、そこに携わった人同士の人間関係も、大いに揺らいでしまう。リピーターを期待していた顧客との縁が切れたり、取り引き先につまらない貸しを作ってしまったりと、嫌な損失をしてしまう。

そうならないためにも、計画はできる限り順調に進める努力をするべきだろう。「現実は計画どおりいかないものだ。思わぬアクシデントが付きものなのだから」と言うのなら、そのアクシデントも折り込んで計画を立てるべきである。

心無きに心あるは工夫是なり。

――『手抄言志録・八四』

●心とは姿形がないものだが、それでも「心はある」ということを追求し、納得するのが、学問の目的である。

ここで言う「心」は「理想」と読み代えれば、良い。漠然とした言い回しではあるが、ここにビジネスの真理が語られている。

理想を、皆が「取り立てて意識していない素振りで淡々と作業をこなす」ことによって、達成する。つまり皆が、理想が無いように見えながら、理想のあることをしっかりわかっている――という意味だ。これが「工夫」すなわち、優れた仕事のやり方というものである。

皆がこの心構えでいれば、リーダーが事あるごとに「理想を忘れるな！ノルマをこなせ！　目標を達成しろ！」とわめかなくとも、仕事は着実に進む。これほど「理想的な仕事ぶり」というものが、あるだろうか。

まさに「究極の仕事の理想の姿」である。

※

仕事の理想とは、いちいち誰かが口に出さなくとも、皆が「共通認識」として心に秘めている——という形こそが、ビジネスのもっともすばらしい姿だと、いうことである。

漠然としてはいるが、漠然としている分だけ、さまざまなビジネスシーンに当てはめて考えられる教えだろう。

心有るに心無きは本体是なり。

——『手抄言志録・八四』

◉人には心があるはずなのに、その心の存在を忘れてしまうのが人間というものである。

この項の「心」とは「ビジネスの理想」と解釈すれば、良い。ビジネスの現場によっては、「理想はこうだ！　目標はこうだ！　それを目指してがんばろう！」と、皆がやたらシュプレヒコールを叫んでいる、あるいは叫ばされている所が、ある。まさに「ここに理想あり」といったムードである。

一見すると活気あるすばらしい現場に見える。

が、これが、参加している一部の者にとっては、ある種の「振り」だけであったとしたら、話にならない。

本心では、その理想の具体的なイメージをよくわかっていない。そして、ただ何となく与えられた仕事をやっているのみ。だが、叫び声だけは勢いがある――と、そんな状態だ。

そんな者が中に混ざっていたら、「チーム全体での良い成果」には、とてもおぼつかない。

だが、こうした心情は、得てして「本体」つまり「人の現実の姿」に他ならない。

とは言え、「だったら、シュプレヒコールなど、まったく無用の長物だ」と投げ出してしまっても、何も始まらない。リーダーの思案どころである。

※

シュプレヒコールを上げたがる、あるいは上げさせたがるリーダーというのは、少なからずいるものだ。

その叫びが、リーダーの熱意が本当にチーム全体に伝わって、皆が心から叫んでいるものであれば、至極結構である。しかし、「リーダーの命令だからしかたなく言われるとおりに叫んでいるだけ」という人間が一人でもいたら、やはりそのチームは、真の結束を保てているとは言えない。

シュプレヒコールそのものは、悪いものではない。皆と大声で一つの言葉をかけ合うのは、大きな活気につながる。だが、一人でも例外がいるのなら、リーダーは、その一人と向き合って話し合う気持ちが必要だ。

知らずして知る者は、道心なり。知って知らざる者は、人心なり。

――『手抄言志録・八五』

◉知識はないが物事の本質を理解できているのが「道心」である。知識はあっても物事の本質を何もわかっていないのが「人心」である。

ビジネスにおいて「知る」とは、どういうことか。
データを知る。顧客の心理を知る。競合相手の力を知る――と、いろいろな「知ること」がある。しかし、それらのもっと上のもの。「ビジネスとは、世のため人のために為されるものなのだ」といった真実を知ることが、もっとも大切なのだ。

これを知っている者は、細かなデータや競合相手のことなど知らなくても、十分に「ビジネスの道を知っている者」と評価できる。なにしろ、これこそがビジネスの大きなスタート地点、根本なのだから。

これとは逆に、データや顧客のことは知っていても、この根本がわかっていないビジネスマンは、人間として器が小さい。そういう者は、いざとなれば裏切り、逃げ出し、終始ごまかそうとする。

リーダーには、決してあってはならないことだ。

※

「ビジネス道」というと、やや大げさの感がある。が、やはり、それは確かに存在するだろう。道を踏み外して利益を得て、それで平然としている人間は、いつか必ず世間から罰を受けるものだ。

青天白日は常に我に在り。

――『手抄言志録・八六』

◉青天白日は、常に我が道を照らしている。そう感じ取れないのは、気づいていないだけである。

心を晴れ晴れとしてくれる澄み切った青空。生命に活力を与えてくれる太陽の輝き。それは、常に人の上にある。

けれど下を向いていては、それを見ることもできず、気がつくこともできない。明るく広がる空の下で、独り「世界は暗い」と思い込んでしまう。

ビジネスにあっても、同じことが言える。

ミスや失敗で、いちいち落ち込んで頭を垂れていては、青い空に気づけない。けれど上を振り仰げば、きっと心が照らされ、陽の光に活力を分け与えてもらえるはずだ。

「そんなもの、気休めだ」とシニカルにとらえる者も、いるだろう。確かに「気休め」に違いない。青空を眺めたところでミスが帳消しになるわけではないのだから。

それでも、まずは青空を見上げてみよう。たかが気休め、されど気休め。気休めはいつか「いつまでもクヨクヨしていてもしかたない」という気持ちの切り替わりへとつながり、「よし！　次はがんばろう」という再チャレンジのエネルギーへとつながっていく。

※

ミスをして意気消沈した時、オフィスの人工の明かりを見上げたとて、ちっとも気分の晴れるものではないだろう。

ビジネスマンも人。人は、この地球の生き物。やはり時折は広々とした青空を見上げ、自分が「生き物として生きている」ことを実感すべきである。

それは確かに、仕事をはかどらせるエネルギーとなる。

誠意の工夫は、雲霧を掃いて白日を仰ぐより先なるは莫し。

――『手抄言志録・八八』

●心を正しい誠の道に進ませる方法は、自らの力で目の前の霧を振り払い、白日を仰ぐしかない。

人の心は時として、雲や霞がかかったように乱れて、本来あるはずの清らかさを失う。そうした時は「自らの誠意」をホウキのようにして、心の雲霞を掃き出さねばならない。

ビジネスとて同じこと。顧客や取り引き先、あるいは同僚や部下を相手にしている場で「相手をうまく騙してやろう」「適当にごまかしてこの場を切り抜けてやろう」といった邪な発想は、まさに「心の雲霧」である。

そんな邪な考えを放っておいては、必ず後で、自らにしっぺ返しがやってくる。「あの時、正直に誠心誠意に対していれば、ここまで問題は広がらなかったろうに……」といった後悔に、さいなまれることになる。

やはり、心の雲霧はその場で即、掃き清めるのが一番である。

※

ビジネスの世界に生きる者は、おそらくは他のどんな場所で生きている人間よりも「騙しやごまかし」に敏感だ。これは、本能的とさえ言える。

なにしろ、一つの騙しやごまかしを見過ごすことが、大きな損失につながることも珍しくないのだから。

だから、ビジネスに必要な条件の究極は、結局は「誠意」なのである。

その場しのぎの軽いごまかしも、それが一度や二度で済ませられれば、まだ挽回のチャンスもあろう。が、これが三度四度……と重なっていけば、信頼をすっかり失い、取り返しがつかなくなる。まさしくホウキで掃き切れなくなる。

そうなっては、周囲のすべてから見捨てられる。ビジネスリーダーとしてどころか、ビジネスマンとして終わりである。

胸次清快なれば、則ち人事の百艱(かん)も亦(また)阻(そ)せず。

——『手抄言志録・八九』

●心を晴れやかに持ち続けられれば、どんな難事でも乗り越えられる。

事実が先か。心情が先か。

つまり、過酷な現実を目の前に突きつけられ、それで失望感に襲われるのか。

それとも、もともと万事に後ろ向きの性格で、そこに過酷な現実が現れ、後ろ向きの性格が失望感を生み出すのか。

この二パターンの心理変化は、結果が同じようでも、実態がまったく違う。

もとから万事に後ろ向きの人間というのは、ちょっとしたトラブルでも、それがとてつもない難事に感じられて、すっかり気落ちする。

対して、もともと明るく前向きな性格の人間は、同じトラブルを目の前にしても、「いや、これは参ったなぁ。だがマァなってしまったのはしょうがない。よし！　ここは何とかしてやるか！」と、失望感を感じながらも、先に進もうという気合いが入る。

性格が後ろ向きなのか前向きなのかというのは、持って生まれた「体質」のようなものだし、育った環境にも左右される。だから、一概に「前向きの性格こそ正しい。後ろ向きの人間は改めよ」などと安易に責められるものではない。

ただ、ビジネスにおいては、前向きの人間のほうが圧倒的に有利なのである。

性格が前向きならば、たいていのトラブルには「対処してやろう」という気概がわいてくるし、その気概があれば、たいてい何とか切り抜けられる。

後ろ向きの人間も、この点、少しずつでも前向きの性格にシフトできるように努力することは、ビジネスでは大切なことだ。

※

——かと言って、後ろ向きの部下に対して「もっと前向きになれ！　前向きのあいつを見習え！」などと、やたらにはっぱをかけるのは、リーダーとしては問題がある。性格なんてものは、一朝一夕に変えられるものではない。

そんな部下に対しては、「少しずつ、無理ない程度に努力しろよ」と声をかけてやるくらいの余裕が、リーダーには欲しい。

無論、やらせるべき仕事はきっちりやらせる。が、その中でも、その部下がつまずいたら、見捨てることなくちょっとしたフォローをしてやれるのが「すべての部下を束ねられるリーダー」というものである。

霊光に障碍（しょうひ）なくば、則ち気乃（すなわ）ち流動して餒えず。四体軽きを覚えん。

――『手抄言志録・九一』

◉人の心を曇らせる物欲や不安感がなければ、心の中で「気」が淀むことなく、その流れが滞ることはない。そうなると、体のほうも調子が良くなり、体が軽くなったような気分になれる。

心の中で「なんとかなるさ」といった明るい気分が、どんな時にも持てるのは、ビジネスマンの強みである。そうした精神は、気力を常に充満させてくれて、体もラクラクと動かせるようになるからだ。

まずは、空元気でも、根拠のない自信でも良いから、「なんとかなるさ」と声に出して叫んでみるのが良い。とくにチームがピンチの時、リーダーが率先して「なんとかなるさ」と叫べば、周りもきっと、その意気込みに「乗って」きてくれるだろう。

※

リーダーの叫ぶ「なんとかなるさ」のかけ声は、決して「おまえら、何とかしろよ」という命令の意味ではない。「一緒に何とかしよう」という結束の意味である。

つまりこのかけ声は、リーダーが先頭に立って、もっとも多くの汗を流す覚悟を示すものだ。

その覚悟が伝わればこそ、部下たちも「何とかしましょう」と声を合わせ、ともにがんばろうとしてくれる。

自らにやる気のないかけ声は、決して他人には伝わらない。

人は須らく忙裏に間を占め、苦中に楽を在する工夫をすべし。

――『手抄言志録・九三』

◉人は誰でも、忙しい中にも休息の時間を作り、苦しみの中にも楽しさを見出す努力をするべきた。

ビジネスマンが日々忙しいのは、当たり前である。しかしここで、ちょっと足を止め「自分の忙しさ」について見つめ直してみるのは、悪いことではない。

なぜ、こうも忙しいのか。

よくよく考えてみれば、そこには意外に「無駄に忙しがっている自分」が、見えてくるかもしれない。「もっと段取りを変えて、作業の順番を変えてみれば、もう少しはゆとりが持てる」という発見が、あるかもしれない。

忙しい中にゆとりを見出す——と言うよりは、ゆとりを生み出す。

こうすることによって、心にも余裕が生まれ、新たな「より効率よい作業方法」の発見が、できるかもしれない。

そして、心の余裕は「他人の言葉を聞く機会」にも、当てることができる。

ただ独りで忙しがっていた時と違って、他者と語り合い、談笑し、そこから新たなビジネスチャンスが得られるかもしれない。

そしてまた、ビジネスマンの日々は苦しい。

ノルマに追われ、周囲からさまざまな無理難題を押しつけられる。だが、そんな中にも、何か「小さな楽しみ」を見つけだすことができれば、仕事にも張りが出る。そうした「小さな楽しみ」を見出すのも、やはり心に余裕あってこそ、である。

※

周囲を見渡すと、程度の差こそあれ「無駄に忙しがっている人間」というのを、よく見出す。当人は「ひたすらがんばっている自分」にご満悦のようだが、そうした者はたいてい、周りを巻き込み振り回す類の人間である。「俺だってこんなにがんばっているんだから、おまえらもがんばれ！」と、無駄なプレッシャーをかけてくるからだ。

こうしたタイプがリーダーになっているチームは、たいてい忙しがっている割には、仕事が進まない。部下たちは、リーダーの姿勢にウンザリして、リーダーの手前「忙しい振り」はしているが、本心から仕事に打ち込めていないからである。

こういうリーダーには、何とか自省の機会を得るように、誰かが促してやりたいものだ。

凡（およ）そ人事を区処するには、当に先ず其の結局の処を慮って、而る後に手を下すべし。舵無きの舟は行（や）ること勿（なか）れ。

――『手抄言志録・九四』

◉人が新たな仕事に挑む時は、まずはその仕事の「完成した形」をしっかりとイメージし、そのイメージが十分に固まってから第一歩を踏み出すべきだ。適当に見切り発車で仕事を始めるのは、舵のない舟で海を渡ろうとするようなものである。

ビジネスプロジェクトを進めるに当たっては、何よりまず「最終的な完成の姿」を明確にすることが、肝要である。

そのためにするべきこととは、山ほどある。

綿密な市場調査によって、何が求められているのかを分析する。生産工程をしっかりと計画立てる。その工程にしたがって、人材を配置する。工場を押さえ、原材料確保のルートを押さえる。さらには、完成後のアフターケアまで。

これらすべてを、当初の段階から考えておく。

これだけの作業をリーダー一人でこなそうというのは、無茶な注文である。やはりそこは、チーム一丸となって、意見を出し合い検討し合うことが、肝要だ。つまりは、皆が「完成した姿」について、まず「共通認識」を持つことである。

大きな船で遠い目的地まで海原を進もうというのであれば、すべての船員の協力が必要だ。船長は、甲板から望遠鏡で目標を見据えることはできても、舵を操舵するのは別の人間なのだから。

※

世間には、やたら「独裁者」になりたがるリーダーがいる。何もかも自分で背負い込みたがるリーダーがいる。

しかしたいていは、その「仕事への独占欲」がオーバーワークを引き起こし、仕事は途中でダメになる。

とは言え、そうしたリーダーには、周りからの注意や忠告もなかなかしづらいものだ。したところで、聞く耳を持っているわけでなし、「実際に潰れるまで放っておくしかない」と周りに半ばあきらめられてしまう。

だが、ビジネスの世界ではそれは本来、許されない。当初の企画段階から多くの智恵を出し合ってこそ、良い計画を立上げられるものだ。

朝にして食わざれば則ち昼にして飢え、少にして学ばざれば則ち壮にして惑う。

――『手抄言志録・九五』

◉朝食を抜けば、昼には飢えてしまう。それと同じで、若い頃に学問をしておかないと、歳をとってからも物事の真実がわからず、おろおろと惑うようになってしまう。

朝食をきちんと取らなければ、昼になって空腹で動けなくなり、満足な仕事ができない。この「事実としてあまりに当たり前」である言葉には、ビジネスマンの生涯にとっての大きな教訓が含まれている。

ビジネスマンにとっては、一年目の新人時代はもとより、その後どれほど仕事に慣れていっても、いつでも「朝」なのである。

朝食を取らねば昼に働けなくなる。それは、今この時に「学べること」を学んでおかねば、将来にきっと後悔する——ということだ。

時代の流れ。世代によるニーズの差。未来経済への分析と判断。

それらは、まさに「今、学んでおく」ことで、将来のビジネスに役立てるべきものだ。

「これまでの経験と勘で、この先もどうにかなるさ」などと考えるビジネスマンは、ちょうど「昨日食べた朝食で、明日も明後日も腹が膨れている」と思い違いしているようなものである。

子供の頃に学んでおかねば大人になってから後悔する。ごく当たり前のこの教えも、「子供」を「今の自分」と置き換え、「大人」を「将来の自分」と置き換えることで、大いに肝に銘じるべき教えとなる。

※

「昔ながらのやり方」というものが通じなくなってきているのが、まさに現代である。時代のニーズは大きく変わっていき、ほんの数年前まで趨勢を誇っていた企業が今や立ち行かなくなっている——という事実を、我々は数多く目にしている。

これほどに将来が見えにくい時代の今、どんなベテランビジネスマンでも……いや、「昔ながらのやり方」が身に染みついているベテランビジネスマンなればこそ、ことに将来の動きを知るべく学ばなければならない。

今日の富貴に素行する能わずんば乃ち他日の患難に必ず狼狽せん。

——『手抄言志録・九六』

●今の豊かな生活に溺れ、贅沢三昧の暮らしの中で「学ぶこと」を忘れた者は、いつか貧しい生活に陥り、そこで慌てふためくことになる。

どんなビジネスマンであれ、どれほどの成功を収め高額の報酬を手に入れたとしても、慎みをなくして無駄に豪華な暮らしを満喫するような態度では、いつしか必ず身を滅ぼす。

ここで言う「身を滅ぼす」というのは、物理的に死に至るなどという単純な意味ではない。

富裕な生活が当たり前になってしまっては、多少失敗してわずかに財産を失っただけでも「この世の終わり」のようにパニックになり、精神の均衡が保てなくなる――という意味である。

そうした時は「自分は没落した」などと嘆く前に、周りを見よ。その時の自分よりずっと辛く厳しい状況下でも、懸命に働き、しかも笑顔で過ごしている人がいる。

ビジネスに浮き沈みは付きもの。良い時もあれば悪い時もある。どんな状況下であれ、満足を見出し、無駄をなくし、資産に関係なく「自分の生きるペース」を保つことである。

※

右の言で読み違えてはいけないのは、「常に貧しい生活に甘んじよ」という意味ではない。「その時それ相応の報酬で満足し、その中で無駄をなくす賢明な生活を心がけよ」という意味である。

とは言え、雇用者サイドが、何のカンのと理屈を付けて、利益を役員と株主だけに還元し、労働者に「相応以下の待遇」を強要するのは、誤りである。

どの地位にいようとリーダーと呼ばれる者ならば、そのバランスを心がけ、周りのすべてに納得してもらう手立てを考えなければならない。

游惰を認めて以て寛裕と為すこと勿れ。
厳刻を認めて以て直諒と為すこと勿れ。
私欲を認めて以て志願と為すこと勿れ。

――『手抄言志録・一』

◉ただ怠けているだけの人間を見て、「悠然とした立派な人」だと見誤ってはいけない。やたら他人を厳しく叱りつける人間を見て、「厳格で真面目な人」だと見誤ってはいけない。カネ欲しさだけの私利私欲でガツガツ働く人を見て、「高い志を持った努力の人」だと見誤ってはいけない。

ダラダラと過ごしているだけのビジネスマンを見て、「あの人はいつもゆったり落ち着いているなぁ」などと、感心してはいけない。

やたら厳しく、何かと言えばガミガミ怒鳴るようなビジネスマンを見て、「あの人は厳格で、強い信念を持っているなぁ」などと、感心してはいけない。

自分の利益と立身出世のためだけにいつも走り回っている「エゴの固まり」のビジネスマンを見て、「あの人は、仕事と熱心に向き合っている。さぞかし高い志があるのだろう」などと、感心してはいけない。

要するに、ふだんの見た目だけで、相手の本性、相手の奥に隠された人間性を見誤るな――ということである。

この教えは、部下から見たリーダーにもリーダーから見た部下にも、適用されるものだ。チームとして互いの人間性をしっかり把握できてこそ、良い仕事のできるチームワークが生み出される。

※

見た目がやたら良く映る人間というものが、いる。しかし、その半分は

「見た目どおり立派な人物」であっても、残り半分は、「見た目だけの虚仮威し人間」と認識したほうが良い。

とは言え、そんな人間の本性を第一印象で見抜けるほど、人の目は確かではない。そこはジックリ付き合っていく中で、徐々にわかってくることである。

ことにビジネス関係の相手ならば、いきなり信じるでもなく、いきなり疑うでもなく、時間をかけて相手の本性を知るべきである。そうしてこそ、長続きする良い人間関係が築ける。

毀誉得喪は、真に是れ人生の雲霧なり。人をして昏迷せしむ。此の雲霧を一掃すれば、則ち天青く日白し。

——『手抄言志録・二』

◉他人の評価やカネの損得などは、取るに足らない些細なことのはずなのに、それが「人生に立ち塞がる雲霧」のように思えて、迷ってしまう。この雲霧を取り払えれば、広い青空と輝く太陽を必ず仰ぐことができる。

長いビジネス人生には、仕事の失敗をそしられ責められることもあるだろう。その一方で、成功すれば称えられ賞される。思いがけぬ高額な報酬に大喜びすることもあれば、思いがけぬ報酬のわずかさにガッカリすることも、あるだろう。

だが、そんな一つ一つの出来事にいちいち一喜一憂していては、長いビジネス人生、まともな精神状態でやっていけるものではない。常にマイペース。これが一番である。

責められることも賞されることも、報酬の高いも低いも、たとえるなら天候の変化のようなものだ。

暗くたち込めた雲。激しい豪雨。かと思えば、澄み切った青空。しかし、地上から見上げる天候がどうであれ、そのはるか上空、雲の上には常に広い青天が広がっている。

そこにまで「心の目」が届くようになれば、気持ちを落ち着けて日々を生きていける。その心構えこそ、仕事で良き成果を生み出す原動力である。

※

やたら舞い上がったり、かと思えばひどく落ち込んだり……といった喜怒哀楽の激しいリーダーは、あまり周囲から信頼されない。ことにそれが、自分の事情、たとえば自分の出世や報酬の問題だけのこととあっては、とても信頼など得られない。

「あんな落ち着きのない、ドッシリ構えられない人間に、付いていくのは面倒で大変だ」と、たいていの部下に愛想を尽かされてしまう。

喜怒哀楽は、人間の本性である。それを「持つな」というのではない。リーダーなら「露骨に示すな」ということである。

武は猶お質の如く。文は則ち其の毛彩にして虎豹羊犬の分かるる所以なる。

――『手抄言志録・九八』

●国の武力とは、国の「裸の姿」のようなものであって、学問とは、それを被う毛皮のようなものである。その毛皮によって国は、虎や豹のように獰猛にも見えるし、羊や犬のようにおとなしいものにも見える。

ビジネスマン一人一人には、それぞれが持つ「独自の力」というものがある。

それは、意外なアイディアを生み出すセンス。交渉に長けた力。どんな現場にも飛んでいけるフットワークの軽さ。相手の心を見抜く洞察力。そして、一つの仕事をコツコツと続けられる忍耐力……などだ。つまりは、ビジネスマンとは、それぞれの「牙」、それぞれの武器を持つ獣なのだ。

しかし、ビジネスマンは皆、一様にスーツ姿に身を包み、日々を過ごす。このスーツこそ、同じように見えて、じつはそれぞれの力を隠しているもの。いわば、「獣の毛皮」のようなものである。

毛皮の毛並みを気にするのも、結構なことだろう。しかし所詮、毛皮は毛皮。重要なのは、その毛皮の内に秘められた「獣の力」。すなわち、それぞれの「ビジネスマンとしての武器」である。

リーダーたるもの、部下たちの毛皮にだけ目を奪われるようなことがあっては、ゆめゆめならない。

※

部下たち一人一人の「スーツの下に隠された個性」というものは、リーダーならぜひとも知っておきたいものだ。それでこそ、さまざまなビジネスシーンで、さまざまに適材適所の人材を送れる。

不向きな仕事を強要して、うまく行かなかった部下をただ叱責するようでは、リーダー失格である。

そういう時は「彼には、この仕事は不向きだったか。むしろ別の者のほうが合っていた」と、まずは自省し、次には同じミスを繰り返さないことだろう。

遠方に歩を試みる者、
往々にして正路を捨てて
捷径（しょうけい）に趣（はし）り、
或いは誤りて林莽（りんもう）に入る。
嗤（わら）う可（べ）きなり。

——『手抄言志録・九九』

◉遠くまで旅に出る時、たいていは楽をしたくて正しい街道を通らず、わきの近道を行こうとするが、そうした道はだいたい難所の獣道だったりして、街道よりずっと通り抜けるのに苦労する。とんだ骨折り損のくたびれ儲けで、笑い話である。

完成がはるかに遠い大きなプロジェクトにかかるとなると、ついつい「もっと効率よくできないか」「もっと楽に進められないか」と、真っ先に考えるリーダーがいる。

が、それはたとえるなら、きちんとした街道を通らず、近道しようとして横道にそれ、しかもケモノ道に迷い込んでしまい、結局は無駄に時間と体力を浪費するようなものである。周囲に「ケチくさいことを考えているからだ」と、笑われてもしかたがない。

仕事において効率を考えるのは、大切なことだ。しかしそれが「ただ楽をしたいから」「ただ経費を節約したいから」という理由だけだと、たいてい失敗する。

いかに手間がかかろうと、いかにカネがかかろうと、かけるべき所にはかける。その上で、節約と効率を考える。それが、仕事を進める上での「正しい考え方の順番」である。

ゆめゆめ、効率と経費削減を最優先にして仕事がおろそかになってはならない。結果として失敗して大きな損失を招くどころか、後々にも信頼を失い、その損失は計り知れないものになる。

※

真っ当に手間とカネをかけて、真っ当な仕事をする。それが、ビジネスの最低限のモラルであろう。

昨今は、経費削減最優先で、下請けに無理な費用の押さえ込みを求めたり、労働者に無茶なサービス残業を強いたりする企業も珍しくない。が、それがはたして、本当の「経営努力」と言えるものかどうか。

あらゆるビジネスシーンのあらゆるリーダーが、上からの理不尽な命令に怯えることなく、自らの意志でこのことを真剣に考えてほしいものだ。

「智仁勇」は人皆謂う。
大徳にして企て難しと。
然れども、（中略）
宜しく能く実迹（じっせき）に就きて以て
之を試むれば可なり。

――『手抄言志録・一〇〇』

◉「智仁勇」は、誰もが皆「とても高尚な徳目であって、自分などには実践できない」と思っている。しかしそれは、ごく身近な日常生活の中で、ちょっとした気遣いがあれば実践できることである。

人の理想を示す言葉として、昔から「智仁勇」の三項目が挙げられている。

智とは、正しいことと誤っていることを見分ける眼力。

仁とは、他人への思いやりと慈しみ。

勇とは、悪事を働く者に立ち向かう勇気である。

だが、この三項目は妙に格式張って抽象的であるから、「そんな大層なこと、ふつうの人間にできるものか」と、あきらめる者も多い。しかし、そんなわけがない。日常の中で、できる範囲の「智仁勇」を発揮すれば、それで人間として十分に立派なのだ。

ビジネスリーダーにおいても同じこと。

正しい人間と腹黒い人間を見分け、正しい人間を採用する。

自分の理屈を無理強いすることなく、部下の一人一人に合った扱いを心がける。

そして、現場の実態を知らずに中身のない説教や無茶な指示を出す上司や親会社には、怯むことなく「対等の人間」として冷静に話し合いを持つように努める。これらこそが、ビジネスリーダーの「智仁勇」である。難しいことではあるが、決して不可能なことではない。

「智仁勇」は、日本の武士道倫理にもつながる儒教の教えの言葉だ。

同じような意味の「四つの徳目」として「仁義礼智」というものがあり、この場合は、「義」が「人として恥ずかしいことはしない」という意味。「礼」は「他人に対して謙虚な姿勢で臨む」という意味になる。

「智仁勇」にしろ「仁義礼智」にしろ、我々日本人は、こうした儒教的な教えを、人間社会を支える柱として認識してきたし、それは人類として正しかったことだと思われる。

無論、プライベートにあってまで、これらの徳目にガンジガラメに自らを縛る必要もなかろうが……。

もっとも、このグローバル時代にあっては、我々日本人のこれら美徳が通じない相手も少なからず存在する。人類の普遍的な倫理道徳が、まだまだ浸透していない国もある。

が、そうした時はそうした時で、相手に合わせた対応を模索すれば良い。

これもまた、ある意味で、そのシーンと相手に合わせた「智仁勇」である。

※

身には老少有れども
而も心には老少無し。
気には老少有れども
而も理に老少無し。
須らく能く
老少無きの心を執りて以て
老少無きの理を体すべし。

――『手抄言志録・一〇一』

●肉体には老若の差があるが、心意気には老若の差はない。身体の動きには老若の差があるが、正しい道を歩もうとする心がけには老若の差はない。だから人生すべからく、老若の差など気にせずに、人として常に正しい道を歩み続けよ。

ビジネスマンの人生は、右も左も分からぬ青年期から始まり、バリバリと仕事をこなしていける壮年期、そして、心身の衰えを感じる老年期と、移り変わっていく。これは誰もが通る道で、例外はない。

ところがたいていの場合、人は過去を懐かしむ。

壮年期のビジネスマンは、初々しく恐いもの知らずで何にでも突進できた青年期を懐かしむ。老年期に達したビジネスマンは、バリバリ動けていた壮年期を懐かしむ。

その気持ちは理解できる。けれど、いつだって自分は自分なのだ。

年月とともに、確かに肉体は衰えるだろう。しかし、仕事への情熱、ビジネスマンとしてのプライドは、変わらないはずだ。

動きも鈍くなり、若い頃のような身軽なフットワークも失われるだろう。しかし、「ビジネスとは何か」「自分は何を為すべきか」という理念、信念は、歳を取ろうと変わらないはずだ。

年齢の違いや肉体の衰えなどは気にせず、「今の自分にできる仕事」に懸命に取り組む心意気さえあれば、その者はきっと、生涯立派なビジネスマンなのである。

※

だが、現実としては、ふつう「心も老いる」ものである。肉体が年老いてなお、熱意も情熱も若い頃と変わらない――などという人間は、そうそういるわけはない。

心が老いるなら、それはそれで否定すべきではない。自然なことである。

ただ、ビジネスマンならば、たとえ現実として心が老いても、定年に至るまでは、それをできるだけ外に示さず「老いていない振り」を、心がけてみたい。

言ってしまえば「やせ我慢」である。だが、そのやせ我慢が、後進の部下たちにきっと何かを伝えてくれる。やせ我慢がばれたとしても、いや、ばれたからこそ、部下たちに「人は最後までがんばるんだ」というメッセージを、送ってやれる。

ある意味、これは「リーダーの最後の務め」とも言えるのではなかろうか。

あとがき

西郷隆盛が、座右の銘として生涯掲げていた言葉が、ある。

「敬天愛人」という。

西郷は、この四文字を事あるごとに口にし、頼まれれば筆を振るってこの言葉を認めたという。

天を敬い、人を愛せよ。

ここで述べている「天」とは、神仏のような超自然的な存在を指しているのではない。全世界に貫かれる正義。正しき道の意味である。

つまり、この言葉をビジネスのスローガンとして読むならば、

「ビジネスリーダーたるもの、ビジネスは世のため人のためという正義を常に心がけ、そして、すべての部下を広く愛せよ」

というように読める。

もちろん、ここで言う「愛せよ」とは、「部下を甘やかしてやれ」などという意味ではない。「部下を信頼し、その者に合った仕事を与えてやるべし」という意味である。

まさしく、本書のテーマをズバリ一言で表わした言葉であろう。

西郷が、ビジネスリーダーとしていかに優れていたか。それを彷彿させる面白いエピソードを、最後に紹介したい。

明治四十年の話である。西郷が死んで、すでに三十年の歳月が流れていた。

この頃、あの日本近代文学の巨頭たる夏目漱石は、『吾輩は猫である』『坊っちゃん』などを書いてすでに世に認められていたものの、まだアマチュア作家にすぎなかった。彼の本業は、帝国大学（現・東大）の英文学講師であり、おもな収入も、大学からのサラリーだった。

しかも、彼の学者としての有能さは時の文部省も大いに認めるところであり、末は教授から学長までのエリートコースが、ほぼ決まっていた。

そんな漱石を、プロ作家にした人物がいた。名を池辺三山（いけべさんざん）という。

当時、池辺は「朝日新聞」の主筆だった。バイタリティあふれる豪快な人であり、でありながら繊細で情深い人柄で、ジャーナリズムの世界では誰もが一目置くほどの人だった。

池辺は、「朝日新聞」の文化欄のレベルアップを強く望んでいた。そのためには、優れた作家を朝日の専属作家として雇わねばならない。

そこで池辺は、漱石に朝日入社を打診してきたのである。つまりは、帝大学長へのエリートコースを捨てて、朝日に来てくれ——と頼んできたのである。

朝日からの打診があった時、無論、漱石は悩んだ。大学に残れば将来は安泰なのだ。それを捨ててまでプロ作家になるべきかどうか。

しかし池辺と会うや、漱石の悩みは吹き飛んだ。池辺を見て、「この人の下にならば付いていける」と、決心が固まった。

後年、その時の心情を漱石自身が語っている。

「話をしているうちに、どういう訳だが、余は自分の前にいる彼と西郷隆盛とを連想し始めた」（「池辺君の史論について」より）

漱石は、体のガッシリした、それでいて決して居丈高でなく情の深い池辺の人柄を察し、そこに「西郷隆盛の姿」を重ね合わせたのである。

西郷が死んだ明治十年、漱石はわずかに十一歳の子供だった。しかし、子供の頃から聞かされていた西郷隆盛の姿を、彼は深くイメージし続けていた。そして、池辺と西郷の姿が重なって見えた時、「ああ。この人なら大丈夫だ」と、絶対の信頼を寄せたのである。

西郷隆盛の偉大なリーダー性が、死して三十年後、夏目漱石という大作家を生み出すきっかけとなったのだ。

――と、こんなエピソードからもわかるとおり、すばらしき日本のリーダーであった西郷隆盛の姿は、後年長く人々の心に刻まれ続けた。そして、それは今も変わらない。

本書を通して、西郷隆盛のリーダー性を知り、それをビジネスの世界で生かしてくださる方が一人でも多く出てくだされば、筆者としてこれほど嬉しいことはない。

なお、本書の企画は、筆者と牧野出版代表取締役の佐久間憲一氏との共同作業による。佐久間氏は、自ら本書の担当編集者も引き受けてくださり、執筆に関しても多くのアドバイスをくだされた。筆を措くに臨んで、佐久間氏への心よりの謝意を示させていただく。

平成二十七年、初夏

長尾　剛

長尾 剛（ながお・たけし）

東京都生まれ。東洋大学大学院修了。ノンフィクション作家。歴史作家。小説家。日本史・日本文学・日本思想・古代中国思想などを、わかりやすい読み物にする作家として、定評がある。また、さまざまな古典の翻訳、名言集、児童文学なども執筆。おもな著書に、『話し言葉で読める「西郷南洲翁遺訓」無事は有事のごとく、有事は無事のごとく』『志の見つけ方 話し言葉で読める言志四録』『吾輩はウツである〝作家・夏目漱石〟誕生異聞』（以上ＰＨＰ研究所）、『手にとるようにユング心理学がわかる本』『聖書入門 死ぬまでに一度は読んでおきたい』『論語一語 生きるための智慧』（以上かんき出版）、『これなら読めるやさしい古典』シリーズ（汐文社）など。また、韓国、台湾で、いくつかの著書の翻訳版が出版されている。

装 丁　緒方修一

本文デザイン　laugh in

ビジネスリーダーを目指(めざ)すなら

西郷隆盛(さいごうたかもり)のことばに学(まな)べ

2015年7月27日発行

著 者　長尾 剛

発行人　佐久間憲一

発行所　株式会社牧野出版

〒135-0053
東京都江東区辰巳1-4-11　STビル辰巳別館5F
電話 03-6457-0801
ファックス（注文）03-3522-0802
http://www.makinopb.com

印刷・製本　中央精版印刷株式会社

内容に関するお問い合わせ、ご感想は下記のアドレスにお送りください。
dokusha@makinopb.com
乱丁・落丁本は、ご面倒ですが小社宛にお送りください。
送料小社負担でお取り替えいたします。
 ISBN978-4-89500-191-5